U0851281

张桂梅
的故事

《张桂梅的故事》编写组 编著

CNS | 湖南人民出版社 · 长沙

本作品中文简体版权由湖南人民出版社所有。
未经许可，不得翻印。

图书在版编目（CIP）数据

张桂梅的故事 / 《张桂梅的故事》编写组编著. —长沙：湖南人民出版社，2022.3（2024.12）
ISBN 978-7-5561-2889-1

I. ①张… II. ①张… III. ①张桂梅—先进事迹 IV. ①K825.46

中国版本图书馆CIP数据核字（2022）第025758号

张桂梅的故事
ZHANG GUIMEI DE GUSHI

编 著 者：《张桂梅的故事》编写组
出版统筹：陈　实
产品经理：古湘渝
责任编辑：陈　实　傅钦伟　古湘渝
责任校对：夏文欢
装帧设计：尛　玖

出版发行：湖南人民出版社［http://www.hnppp.com］
地　　址：长沙市营盘东路3号　　邮　　编：410005　　电　　话：0731-82683313

印　　刷：长沙超峰印刷有限公司
版　　次：2022年3月第1版　　印　　次：2024年12月第14次印刷
开　　本：960 mm × 640 mm　1/16　　印　　张：10.5
字　　数：100千字
书　　号：ISBN 978-7-5561-2889-1
定　　价：29.80元

营销电话：0731-82683348（如发现印装质量问题请与出版社调换）

目录

壹 爱的种子生根发芽

壹

爱的种子生根发芽

01 走，到云南去

在东北的黑龙江省，有一座被称为“雪城”的城市，它就是牡丹江市。牡丹江市距中朝、中俄边境线不远，山势连绵起伏，一条河流将这片沃土一分为二。这“九分山水一分田”的“塞外鱼米之乡”，养育了豪爽热情、勤劳勇敢的人民。

1957 年 6 月，正是牡丹江市景色最美的时候，铁岭公社一座寻常的满族农家小院里，迎来了全家最小的成员。父母给这个女儿取名“玫瑰”，可是在上报户口的时候，因为管户籍的同志不会写“玫瑰”，只会写“桂梅”，从此这个女孩就跟她的名字一样，由一朵热烈玫瑰变成了一枝傲雪的蜡梅。

张桂梅的父母对这个女儿非常宠爱。张桂梅出门经常是哥哥背着、姐姐护着，大家有好吃的也都留给她。她的童年温馨美好，充满了欢笑。

而一群人的到来，让年幼的张桂梅第一次感受到了来自陌生人的关爱和温暖。

一天，家里突然多了几位朝气蓬勃的哥哥、姐姐。原来，父亲出于对支边知青的爱护，将自家的西屋无偿提供给了这群年轻人居住。

每到闲暇的时候，这些哥哥、姐姐都会拿出图书来学习。这时候，小小的张桂梅就会被吸引过去。他们教她识字，告诉她外面的世界多么精彩，给小桂梅上了人生最初的文化课。每当她把新学的课文念给大家听时，知青们都会夸奖她讲得好，将来一定是个好老师。知青们还耐心地手把手教她写字，并把《红岩》《青春之歌》《红旗谱》等书籍拿给她看。

在耳濡目染中，张桂梅的视野被知青拓宽，她的世界被这群有着革命理想的青年人照亮。

当时的张桂梅年纪还小，对很多书本的内容都看不太懂，唯一能够勉强看懂的就是《红岩》。年幼的她有一段时间不明白，为什么江姐在被敌人“插竹签”那么痛苦的时候还宁死不屈？为此，小桂梅找来竹签，模仿着书中情节，扎了一下自己的手。

“啊，疼！”

经过这样的试验，她感受到了江姐的那种大无畏精神。原来，一个人可以为了心中的理想，不屈不挠，甚至牺牲自己。

她对江姐印象特别深刻。革命烈士江姐穿着蓝旗袍、红毛衣，围上雪白的长巾，面对凶残的刽子手，凛然地大喊：

“竹签子是竹做的，共产党员的意志是钢铁！”

这震撼的画面和铮铮誓言，播进小桂梅的心坎里，落地、生根、发芽。

而小学时的一次课外活动，让这种精神得以生长，逐渐蔓延至她的每一寸血肉，融入骨髓。

有一年清明节，老师带领全班同学去了八女投江的乌斯浑河畔。站在柞木岗子山下，老师向他们讲述了一段悲壮感人的历史：在抗日战争时期，以冷云为首的东北抗日联军八名女官兵为保全部队主力，与日伪军血战到底，在打光子弹的情况下，高唱《国际歌》，英勇沉江殉国。烈士们誓死不屈、战斗到底的精神感染着在场的每一位小学生。

张桂梅的脑海里浮现了当时的画面。八个阿姨把手榴弹投向敌人的机关枪，面对日本鬼子凶残的围追堵截，毁掉枪支，挽臂走入波涛汹涌的乌斯浑河，用自己的生命将那江水染成了鲜红的颜色。张桂梅的内心久久不能平静。

高中毕业的时候，张桂梅的母亲去世了。在命运的战场上，这是生活向年少的张桂梅扔下的第一道战书。从此，她失去了那个给她庇护的温暖怀抱。可是她并没有被打倒，江姐的故事、八女投江的故事深深地烙在了她的脑海里。不久，街道上醒目地张贴着大标语，号召“好人好马上三线，备战备荒为人民”，她的三姐报名参加了“三线建设”。

张桂梅跟随姐姐的脚步，去云南参加“三线建设”，支援边疆建设。那年她十七岁，正是最美的年纪。张桂梅梳着两个小辫，戴着一副黑框眼镜，眉眼弯弯，姣好的面容还有些婴儿肥。她乘坐火车，从中国的大东北，一路到了大西南，跨越了大半个中国，选择来到祖国需要的地方。

“红岩上红梅开，千里冰霜脚下踩，三九严寒何所惧，一片丹心向阳开。”这位花季少女就此踏入社会。这条路也许是荆棘满路，也许是鲜花满园，但是张桂梅不会退缩。因为，酷寒的北国生长环境和那些革命英雄的故事，让她更加刚强、坚韧和乐观，使她前行的步伐更加铿锵有力。怀着用实际行动报效祖国的信念，张桂梅就此开启了激情燃烧的岁月。

02 在实干中成长

12 月的云南天高云淡、风朗气清，雨后苍山秀色宜人，植被清丽碧翠。此情此景，宛如一幅灵动的水墨画，命运微笑着将一枝含苞待放的蜡梅，轻轻地点在了这幅画里。

1975 年 12 月，张桂梅正式参加工作。初到云南，她被分配到现在香格里拉市附近的中甸林业局。这里雨水充沛、温度适宜，优雅的兰花暗香扑鼻，高耸的望天树亭亭如盖……原始森林物产丰富，林业工人们将这里的优质木材输往全国各地。

刚到林场，张桂梅被安排在一线工段做检尺

员。她每天根据规范要求，用米尺对一堆木材进行测量、点数和记录。这项工作看似简单却需要认真细心，严把木材质量第一道关。林子里蚊子特别多，叮在人身上赶都赶不走，张桂梅经常被叮咬很多包，又疼又痒，但是干起活来仍然一丝不苟。

由于林场艰苦岗位上缺少年轻人，张桂梅还做过一段时间的筑路工人，主要负责修路保通工作。张桂梅和男同志一样，每天天还没亮，就出发前往检修路段。草丛里的露水打湿了她的裤腿，湿布料沾上红泥巴，走起路来脚步格外沉重，但是张桂梅从不吭声。等到了目标路段，工人们就用手扒开地面上厚厚的腐殖土检查路基情况，发现问题及时维护，防止运输车辆陷进坑里。整条检修路段都需要这样一里里地巡查维护，张桂梅常常很晚才能下班。

林场湿热的空气让人总是感觉身上黏糊糊的。这里昼夜温差很大，到了晚上，人睡着后经常会被冻醒。张桂梅和她的同事经常半夜爬起来燃起火炉，不断地添柴。即便如此，潮湿的冷气还是会侵蚀人体，加上繁重的体力劳动导致肌肉、关节得不到休养，很多人因此患上了类风湿关节炎。

除了工作强度大，林场生活所需的物资也相当贫乏。那个年代的大山林场，交通不便，外部物资运送进来的周期很长，所以林场里平时也没有什么蔬菜，土豆就成了主要的菜品。偶尔去附近村子里买一只鸡改善生活，林业工人们开心得就像是过节一样。

在恶劣的环境中，被黑土地滋养过的张桂梅不仅经受住了考验，还凭着热情活泼的性格交到了很多朋友。

同事们大都是附近的居民，他们在春节时都想回家团聚。这时候，体谅同事的张桂梅主动站了出来，表示自己可以一个人在山里值班。因此，张桂梅守着 17 顶单位的帐篷，度过了自己在林场的第一个除夕。在温暖的炉火旁，伴随着“噼啪”燃烧的柴火，张桂梅想到了小时候遇到的那个女党员。

上小学的时候，有一天张桂梅像往常一样放学回家，却发现自己家被很多人围得水泄不通，她费了很大的力气才钻了进去，原来房子的一面墙倒了。张桂梅吓得哭出声来。

这时，她看见一个年轻的姐姐正在和愁眉苦脸的爸爸说：“你领着家人去亲戚家住两天，我在这里带着大家帮你修房子。”

张桂梅一听，仔细打量起她，白白的脸庞，两条长长的辫子，一身青色的衣服，看来是一位干部。张桂梅心里打起了鼓：这么年轻的干部会修房子吗？

在张桂梅疑惑的目光中，那位女干部已经转身动员身边的乡亲们，开始筹备重建房子了。

只见女干部拿起了工具，从最基础的和泥、打土坯开始。张桂梅看着她挽起袖子、扎起头发，一会儿蹚在泥土里，一会儿抱着稻草来回奔波，心里觉得暖暖的。

几天后，张桂梅回到了家。再看到女干部，她不敢相信自己的眼睛。女干部的脸又黑又红，还裂了口子，血从裂口里渗出来；手又红又肿，手背上也有划痕，浑身都是泥巴。

张桂梅听见爸爸说："谢谢你。"

又听到女干部说："不用谢，这是我应该做的，因为我是共产党员。"

张桂梅缠着父亲问，什么是共产党员。父亲告诉她，哪里有危险，哪里有困难，哪里就有共产党员，他们就是帮助咱老百姓的人。

就这样，那位女党员的形象深深地烙在了张桂梅的心里，女党员身上的实干、为人民服务的精神也融进了张桂梅的行动里。在林场工作期间，如果单位哪个部门需要人，张桂梅都会去补位帮忙。

林业局的领导看到张桂梅踏实肯干、认真负责，于是把她调到会计岗位。张桂梅虽然心里忐忑，但是想到组织需要，便接受了组织的安排。可是张桂梅没有相关工作经验，又没有经过专业培训，工作不久，便赔进去一年的工资，实在不适合会计岗位。

后来，领导让张桂梅垒个猪圈。张桂梅满腔热情地把任务接下来，可她没有垒过猪圈，只是见过猪圈，哪里会考虑可能遇到的实际问题。最后猪圈因为尺寸太小，猪头进去了屁股还在外面。当着大家的面，张桂梅很是狼狈。

这两次经历让张桂梅明白了，做事要实事求是，光靠理论知识还是不够，理论联系实际才能出真知。而面对挫折，更需要有勇气承担试错的成本，汲取经验教训，在探索中不断进取。

在林场工作几年后，鉴于平时的文笔和文艺主持能力，还有那股子踏实肯干的工作劲头，张桂梅被任命为林场团支部书记。在党的怀抱里，这个小姑娘茁壮成长。

03 人生“得意”

生活就这么有条不紊地继续着，这个勤快的小丫头得到了单位上很多人的喜爱。

张桂梅因主持节目认识了很多知青，结下了深厚的友谊。后来，朋友们对她说：

“我们要准备高考了，我们的国家肯定会恢复高考的，你也准备一下吧。”

张桂梅一听就打退堂鼓，不自信地说：

“我不行，我初中知识有的都不行，怎么能考大学呢？”

但朋友们毫不犹豫的一句“我们帮你”，让张桂梅的命运迎来了新的改变。

机会往往都是留给有准备的人。张桂梅从此跟着那些知青学习，备战高考。她白天认真完成好本职工作，到了晚上，随便买个馒头充饥后，就一头扎进了书本中。张桂梅遇到不懂的知识便去问那些哥哥姐姐，做完了习题也会主动请他们批改。就这样，她每天晚上争分夺秒地复习功课，一直坚持到高考恢复。

张桂梅鼓起勇气，跟着知青们报名参加高考，她也想追逐自己的大学梦。可是，命运好像有意要考验这位执着的东北姑娘。

张桂梅实现大学梦的过程一波三折，颇具戏剧色彩。

功夫不负苦心人，张桂梅第一次就考上了大学，可是她没有上学的学费，只好放弃了读书。但是她很执着，没有因此放弃改变自己命运的机会。

随后她继续参加了第二次考试。这次学费是凑够了，分数也上线了，但是并没有被心仪的学校录取，就这样张桂梅又与大学擦肩而过。

第三次参加高考，张桂梅终于考上了丽江教育学院（现丽江师范高等专科学校）中文系。

张桂梅回忆道，有一次参加考试，坐在考场里脑子一片空白，竟然忘记了自己的名字。那时候的张桂梅凭借踏实能干、才艺出众，在单位里也算是小有名气。所以，当她对监考老师说忘记名字的时候，老师笑着说："你叫张桂梅呀！"这句话惹得全考场的人哄堂大笑，也让张桂梅放松了下来。

命运往往就是这样，经历过风雨才能见彩虹。经过不懈的努力，她的大学梦终于实现了，随之而来的还有她甜蜜浪漫的爱情。

上了大学的张桂梅自由自在地随性生活，虽说已经到了谈婚论嫁的年纪，她却一点儿也不着急。周围的人终于忍不住，给她介绍了一位满腹经纶的青年——董玉汉。

刚开始看照片的时候，张桂梅对这个男生并不是很满意，也没有将这件事情放在心上。随后，两个人见面交流，彼此才慢慢地熟络了起来。随着交往不断深入，张桂梅对这个不怎么说话却学富五车的男生渐渐有了好感，而内敛的董玉汉也为这个性格直爽、活泼可爱的东北姑娘所吸引。

稳重内向的董玉汉不仅年龄长张桂梅八岁，而且一只眼睛还稍微有点斜视。张桂梅并不在意他的外表，而是看重他有才华、能力强。但为了爱情，董玉汉忍痛不打麻药做了眼部手术，从此眼睛再也不斜视了，满眼都是这个豪爽单纯的东北女孩。

当时的董玉汉在水电十四局的子弟学校当高中老师，离张桂梅的学校有点远，两个人也感到了异地的不便。1990年，毕业后的张桂梅为了和爱人生活在一起，来到丈夫的故乡大理白族自治州喜洲镇一中任教。两人在这里结婚，度过了人生中最甜蜜的一段时光。

她的生活每天都是绚丽的歌，涂口红，穿紫色鞋子、蓝色裤子、艳红的衣服，到舞厅跳起欢快的舞蹈。她会精心为学生们的比赛准备统一的服装和道具，会在讲课的时候形式多样地穿插录音、歌曲。

董玉汉不仅不让张桂梅做任何家务，而且还给了她最大的自由，为她精心营造了一个温馨的知识分子家庭氛围，呵护这个颠沛多年的姑娘。夫妻俩住在教学楼三楼的一间屋里。每天下班后，两个人会一起散步，还抱着一只防蛇的大白鹅。

总之，那个时候的张桂梅，是热情的红色，是灵动的绿色，是绚丽多彩的。可是，天有不测风云，人有旦夕祸福，一场变故带走了她生命中所有的色彩，让她的人生从此跌宕起伏。

04 生命的战书

张桂梅的生活本来快乐又充实，房子也从最初教学楼上的单间，搬到了一个小楼的套间里。可是彩云易散琉璃脆，这样的好时光却因为一个噩耗戛然而止。

董玉汉说自己不舒服，张桂梅就陪他去医院检查，可检查结果让二人猝不及防——胃癌晚期。

知道病情的董玉汉险些站不住脚，夫妻二人互相搀扶着走进病房里。两个人都沉默地坐着，谁也没想好怎么去面对这个事实，也不敢相信这是事实。

董玉汉沉默了一会儿，突然说了一句：

“我走了，你怎么办？”

也不知道哭了多久、经受了几度煎熬，待到天亮时，董玉汉一夜白头，就连胡子也成了花白的样子。张桂梅被丈夫的一头白发刺痛，她擦干眼泪，调整心绪，配合医院，尽快投入到给丈夫治病的过程中，下定决心竭尽全力挽救丈夫的生命。他们找最好的医生商量最佳的治疗方案，用最好的药物，一针七八千也在所不惜。

那段时间，张桂梅 24 小时在医院里陪护。偶尔回家取生活用品时被邻居看到了，邻居不知道张桂梅家出了什么事，只是感觉她好像突然间老了几十岁。

张桂梅为了给丈夫治病，把家里能卖的都卖了，总共筹集到了 20 万左右。张桂梅劝丈夫放宽心，不要担心费用问题。对于张桂梅来说，只要能救丈夫，她什么都愿意。经过一年的治疗，即使是 20 万元的医药费见了底，张桂梅也没有放弃。她对丈夫说：

“没关系，我还有工资，一定能治好你，你陪着我就可以。”

他们苦苦熬着，互相支撑着，盼望能出现一个奇迹，可是这个奇迹并没有到来。

董玉汉的病情恶化，癌细胞已经扩散转移。张桂梅眼看着丈夫躺在病床上翻来覆去地被病魔折磨，心如刀割、异常痛苦。她抑制不住内心的悲伤，在医院大厅里失声恸哭。那一刻，张桂梅感受到了前所未有的无助和愧疚。为了让丈夫能够继续接受治疗,张桂梅开始向亲戚朋友们借钱,哭求哀告。

但张桂梅还是没能挽救丈夫的生命，面容枯槁的她紧紧地抱着丈夫的骨灰盒，失魂落魄地坐上了开往大理喜洲的汽车，黯然神伤地将丈夫的骨灰带回他的家乡。

悲痛欲绝的张桂梅，心里满满的都是自责和对丈夫无尽的愧疚："我感觉我很无能，没有做到让丈夫自然死亡。"

每当夜深人静，这个念头就萦绕在她的心头，郁结成心中一块永远的伤疤。

丈夫去世后，她的世界是晦涩、艰难和悲苦的。就这样，曾经爱打扮、爱涂口红、爱穿各种亮丽裙装的张桂梅，在此后几十年里，都只穿黑白灰的素服。身边的同事看到判若两人的张桂梅，都想尽办法开导她，默默陪伴她，希望她能从悲痛中走出来。

可是，在这个熟悉的地方，走到哪里都有昔日幸福时光的影子，这令她触景伤情、悲伤难抑。

她想离开这个地方，离开这个有太多欢笑和泪水的地方，找个角落躲起来。

最终促使张桂梅离开大理喜洲的，是一篇学生的作文。有一天，她正批改学生的作文，看到有一篇这样写着：

“我们再也看不见我们老师美丽的笑容了，都是哭兮兮的样子，我们喘不过气来。”

这时，张桂梅意识到自己的状态已经影响到学生们了，于是向校领导申请调离。可是，申请提交上去后，很长一段时间都没有消息。最后，终于有一所学校愿意接收她，那就是地处偏僻的华坪县中心中学。

在张桂梅最困顿的时候，华坪县教育部门敞开温暖的怀抱接纳了她，让她重拾对生活的信心和勇气。也是在这里，张桂梅找到了毕生奋斗的目标。

05 学生在等我

华坪景色宜人、民风淳朴，可是张桂梅却感觉不到，她还沉浸在失去至爱的悲痛中无法自拔。

张桂梅在任教时发现，生活在这里的人们比较贫困，有的家庭为了让孩子能够读书倾其所有，他们带着一堆零钱来交学费，可数出来却不够学费的三分之一。每当这时，张桂梅一面对家长说着“够了，可以上学了”，一面偷偷帮孩子垫付学费。

张桂梅在进一步了解到学生们的家庭状况后发现，这里的孩子虽然承受着与年龄不符的艰辛困苦，却依然顽强乐观、天真质朴，对未来充满憧憬。

为了这些孩子，她决定不再消沉，她想倾全力教书育人，给孩子们一个美好未来。有了这个新的人生目标后，张桂梅的生活洒进几许光亮，她开始全身心地投入到教学中。

因为工作能力强，张桂梅从最初担任初三年级班主任，到直接挑起四个毕业班的教学重担。她能从学生个性出发，因材施教；从科学管理着眼，激发学生自主探索精神，让学生成绩迅速提高。因此，张桂梅也成为学校里的业务骨干，得到了家长们的赞扬和社会的认可。眼看着她的生活逐渐踏实平稳，可一场无情的寒风暴雪，再一次压在这枝苦命的蜡梅上。

1997 年，张桂梅身体暴瘦，脸色发黑，腹部慢慢变大，难以忍受的疼痛让她不得不去医院做了检查。但等待她的却是一个令人绝望的结果——她的肚子里长了肿瘤。

医生告诉她肿瘤已经长得很大，需要立即住院治疗，否则后果不堪设想。在短暂的错愕之后，张桂梅崩溃了，放声痛哭。她想到陪丈夫治病的艰难历程，想到自己一路走来的不易……

哭过之后，张桂梅想到了更现实的问题：自己为丈夫治病已经花光了所有积蓄，哪里还有钱治疗肿瘤呢？此外，还有一个对她来说更重要的事情——毕业班的学生马上要中考了。在这个节骨眼上，张桂梅实在放心不下孩子们。

伴随着泪水，张桂梅度过了一个无眠之夜。她意识到如果接受医生的建议，住院动手术，那么就意味着她的学生们需要换老师。对于即将参加中考的学子们来说，换老师会导致学生情绪的波动，势必会影响到学生的成绩。想到这里，张桂梅擦干了眼泪，心里拿了主意。

“死就死吧，让我先把孩子们带出来。”

她把医院诊断书塞进了抽屉，买了止痛药，强忍病痛重新站到了讲台上。当孩子们看到重回学校的张老师时，既高兴又担心，纷纷关心地问她到底怎么了。张桂梅不愿孩子们情绪上受到干扰，选择了用善意的谎言去安慰这些善良的学生。她对孩子们说：“你们中考完了老师再告诉你们。”

等学生们都参加完中考，张桂梅终于卸下心里的负担，去医院接受治疗。

张桂梅不知道的是，她住院的消息让华坪县的人们心头一紧。真诚质朴的华坪人正在为留住她的生命想尽一切办法。在华坪县的妇女大会上，妇女代表们得知张桂梅生病后纷纷捐款。其中一位妇女代表，把自己身上仅有的 5 元钱路费都捐了。这位大山里的女干部，徒步走了 6 个多小时的山路才回到家。此时的张桂梅不仅感受到了华坪人民的深情厚谊，也感受到了个人痛苦之外的人间大爱，她找到了活下去的希望和动力。

手术顺利进行，医生从她的腹腔中取出重达两公斤的肿瘤。医生无法想象她是怎么抵抗疼痛的：

“张桂梅的腹腔器官全部移位，肠子粘连贴在了后壁上。”

这样的疼痛非常人所能忍受，而柔弱的张桂梅却为了学生强忍了一百多天！

手术后，医生建议张桂梅再休息几个月，但是张桂梅却在短短的 24 天后就在新成立的民族中学任教了。

张桂梅决心用自己一生全部的时间和感情去回馈这片深情的土地，而善良淳朴的华坪人也在以各种方式温暖着这位异乡人。

家长和学生们为了让生病的张老师尽快康复，走进人迹罕至的深山老林挖灵芝，经过精心晾晒后，磨成细细的粉末，带到学校让张桂梅拌在饭里吃。还有的孩子知道核桃补身体，就跑到野林子里找核桃树，一大筐一大筐地把核桃背回来，再一个个剥掉核桃皮，把白嫩的鲜核桃肉带给张桂梅。

张桂梅看着那一双双被核桃汁染成黑绿的小手，看着那用真心磨成的灵芝粉，想到这些孩子那小身板在大山里苦苦寻觅灵芝的身影，久久不能自已，感动得说不出话来。这份沉甸甸的情让张桂梅重拾了生活信心。

张桂梅没有想到，她一个孤身在外的异乡人，能感受到华坪县父老乡亲们如此的深情厚爱。她找到了此生的归处，她的生命叠加了金沙水浪、红土高山，有了更宽广的疆界，变得一往情深，变得更加强大。

06 住进男生宿舍

在民族中学，张桂梅将所有的心思都用在了教学上。她深刻体会到大山里孩子们上学的不易，明白这些孩子需要什么，华坪县的未来需要什么。

在日常生活中，她不仅着眼于教学，对学生们存在的不良习惯也会及时纠正，严抓严管。时间长了，学生们送给她一个新的称呼——“张老太太”。这个称呼让人感觉到亲切的同时，还有一种大家长的威严感。

2001 年，张桂梅临时接手初二年级，担任 25 班的班主任。这个班曾经在全县摸底考试中排名倒数第二，再加上班里男生很多，纪律差，因此很难管理。面对这样的班级，其他的老师替张桂梅捏一把汗。

张桂梅刚接手这个班就注意到，上课时很多学生精神不振，注意力涣散，总是昏昏欲睡。学生这样听课当然成绩不行。发现问题后，张桂梅马上着手调查背后的原因。

原来，民族中学的孩子们大部分来自山区，对外面的世界认知很少，他们来民族中学读书是第一次走出大山。县城的繁华对他们来说是一个很大的诱惑。琳琅满目的商品、形式多样的娱乐活动，让年龄小、自制力弱的学生变得无所适从，因而很难约束自己的行为。

因此，他们经常违反学校的纪律，有的偷偷翻墙跑出去上网打游戏，有的学会了喝酒，有的学会了打台球……一位老师被校长安排在学校外蹲守，在短短的两个小时里，就遇到 10 多名翻墙出去玩的学生。

学校给学生提供住宿，宿舍是由教学楼一间教室改成的。晚上宿舍熄灯后，本应该是好好睡觉的时间，男生的话匣子却不合时宜地打开了。他们从好吃的聊到好玩的，从开心的事情聊到奇怪的事情，其间也有交流网络游戏技巧的……男生每天晚上聊得热火朝天，经常闹到后半夜，第二天上课的精神状态自然受到影响。张桂梅了解清楚情况后，觉得这样下去不行。一个班级要想成绩好，纪律是首要保证，由此她决定整顿班风。

张桂梅先在班级里给学生讲道理，苦口婆心地分析利弊。但她发现这样做收效甚微，男生们每晚的“卧谈会”照开不误。

张桂梅想，是时候放大招了，要不然这些孩子全毁了。

这天晚上，刚一熄灯，男生们的“卧谈会”就开始了。正当他们聊得热火朝天的时候，门突然打开了。大家定睛一看，他们的班主任张老师来了！

只见张桂梅怀里抱着一床被子，进屋后将一张空床拖到门口，然后将被子铺在床上，顺势坐在被子上。做完这些，她对着宿舍里一群已经目瞪口呆的孩子说：

“听说你们每晚都有精彩话题，摸鱼、找蜂包、挖山药，我这个老太太也想听听。”

说完这话，宿舍里哪里还有什么声音，学生们都不敢再聊天，就连平时最调皮的几个也老实地钻进了被窝。从此，“卧谈会”烟消云散。

就这样，张桂梅在男生宿舍住了下来。只有张桂梅自己知道，那段时间她是怎么过的。白天讲课费嗓子，可她却不敢多喝水，担心半夜起来上厕所影响孩子们休息。孩子们响亮的鼾声让张桂梅几乎夜夜无眠。

功夫不负有心人。经过一段时间的整顿，班级里再也没有人逃课、喝酒、上网了，学生们在课堂上的精神状态也好了很多。整个班级的风气逐渐转好，学生们的成绩更是节节攀升。张桂梅为了学生们的前途，心甘情愿地做着学生们口中严厉的“张老太太”。

经过张桂梅两年的努力，昔日的“差生班”在中考中取得了全县第二的好成绩。张桂梅用最简单直接的方式，践行着自己的承诺。

念念不忘，必有回响。不久，她迎来了另一个特别重要的身份。在新的环境，她不再是学校里那个严厉的“张老太太”，而是许多无家可归的孩子的妈妈。

07 慈祥“老妈”

2021年6月，张桂梅作为教育行业的突出贡献者，获得了“七一勋章”。在颁奖典礼间隙，记者问她：“你最想对孩子们说什么？”

张桂梅眼里满是爱地回答道：“妈明天回来。”

张桂梅一生没有生儿育女，她口中的“妈”又是怎么来的呢？这一切还得从2001年说起。

在民族中学任教期间，张桂梅经常去老年福利院做义工。后来，县政府和一个基金会联合成立了华坪儿童福利院。福利院是建立起来了，谁任院长合适呢？这时候，大家不约而同想到了那个热心公益、无私奉献的人民教师张桂梅。

张桂梅得知这个消息后，马上表态可以义务兼任。刚上任时，她以为一边在民族中学当老师，一边当好福利院院长是可以的。可是她慢慢地发现自己的想法是错的。儿童福利院里缺的不仅仅是一位院长，更需要一位给孤儿们慈爱和包容的妈妈。

福利院开办的第一天就接收了 36 个孩子，第二天便增加到了 54 个，年龄最小的 2 岁，最大的 12 岁。晚上，院子里经常是哭声一片，搅得左邻右舍都睡不着觉。没办法，张桂梅就带着他们满院子里走啊、聊天啊……

孩子们的卫生习惯都很差。他们头上有虱子且不会上厕所，经常弄得床上、裤子里都是大小便。张桂梅和工作人员洗裤子洗到连饭都不想吃。

很多孩子因为体质较弱经常生病，医药费是一笔大的开销。张桂梅经常在医院和学校之间来回奔波。虽然儿童福利院有政府和基金会的资助，但是随着儿童的增多，资金捉襟见肘。

“屋漏偏逢连夜雨”，福利院的一个孩子胳膊上长了一个瘤子。当时，福利院没钱了，但如果不及时治疗，孩子病情会恶化，于是张桂梅向当地的中医院求助。中医院领导了解到张桂梅的不容易，决定由院方承担这次的手术费用，张桂梅只需要付打麻醉针的钱。因为没有钱，这个长瘤的孩子一针消炎药都没打，只是吃了点止痛片。看到手术后痛得直哭的孩子，张桂梅泪流满面，觉得特别对不起可怜的他。

在这种艰难的情况下，张桂梅没有放弃做这些孩子的妈妈，而是想尽办法解决经费问题。她要用自己的肩膀把这个大家庭撑起来，她要让这些身世坎坷的孩子健康成长。

张桂梅不想让福利院的孩子们受到歧视，为此她想了很多替代“儿童福利院”的名字。直到有一天，她跟一位“摩的”师傅聊起此事，师傅就说：

“不要叫‘福利院’，听起来就是孤儿，多惨呀！‘儿童之家’可以，大家也不知道是干什么的。”

后来，“儿童之家”就成了很多儿童真正的家。

因为异于普通小孩的经历，儿童之家的孩子难免敏感、自卑和叛逆，存在一些心理问题。所以张桂梅格外注意纾解孩子们的情绪，希望他们变得积极阳光。

有一个刚到儿童之家的小男孩，在学校里特别调皮捣蛋。

小男孩犯了错误，老师无可奈何，只能对他说：“叫家长来。”

这一句话让这个男孩不知所措。“家长”这个词对于他是陌生的。他没有家长，到哪里去找家长？

恰好此时，得知消息的张桂梅风风火火地从单位赶到了男孩就读的学校。张桂梅跟老师沟通完后，对男孩说：“走，我们回家。”

小男孩的心被这句话击中了，四处流浪的他终于有了一个属于自己的家。

在儿童之家，孩子们管张桂梅叫“老妈”。张桂梅把空闲时间都给了孩子们，陪他们吃饭、学习、唱歌跳舞。

雷秋凤是在儿童之家长大的。2005 年，她考上了四川机电职业技术学院。在开学报到前，张桂梅把自己看病吃药的 500 元钱塞给她。

张桂梅疼爱这里的每一个孩子，儿童之家的经历也对她的人生产生了很大的影响。

目前，儿童之家成立已经 20 多年了，从这里走出去的孩子也从刚开始的 54 个变成了 170 多个。他们现在已经是医生、律师、公务员……成为各行各业的佼佼者。

考上大学的小鹏说：

“张妈妈做到了其他母亲该做的所有事情，甚至做了有的母亲都没有做到的事情。”

这就是那个没有生儿育女却孩子满天下的张桂梅。她二十年如一日，呵护这些孩子，给了他们一个温暖的家。在这里，她不是那个严厉较真的“张校长”，也不是那个纪律严明的“张老太太”，她只是许多孩子的慈祥“老妈”。

08 幸运的“小萝卜头”

自 2001 年义务兼任华坪县儿童之家的院长开始，张桂梅就风雨无阻地奔波在学校和儿童之家间。除了出差和去外地开会，她基本上都在学校放学后赶回儿童之家，待一个小时左右，又匆匆赶回学校。

“我只要在华坪都会回来（儿童之家），他们看到我也放心，不然担心我住院什么。我看到他们也就放心他们了。”

这种双向奔赴的爱滋养着张桂梅，也守护着儿童之家的孩子们。

“儿子，今天是你离开家到部队的第 32 天，生活习惯了吧……你要带着大家和县里的嘱托，在部队苦练本领，将来报效祖国。”

这封落款为“你的妈妈张桂梅”的信写于 2020 年 10 月 17 日。

当年的“小萝卜头”从三峡大学毕业后光荣地成为一名军人。由于远在贵州服役，母子相隔千里，不方便电话联系，思儿心切的张桂梅用一纸家书遥寄思念,鼓励儿子建功立业。

“小萝卜头”是张桂梅接收的一个 8 个月大的孤儿。这是儿童之家最小的孩子，对于张桂梅来说，照顾这个孩子无疑是一个很大的挑战。

那时候的张桂梅还在民族中学任教，所以每天早早地安顿好其他孩子后，她背着“小萝卜头”并领着其他两个稍微大点的孩子就赶往民族中学上班。上课的时候，张桂梅就麻烦其他老师帮忙照看三个孩子。下班了她就带着三个孩子一起回儿童之家。

一天晚上，张桂梅像往常一样，安排所有的孩子洗漱完后就去照顾“小萝卜头”。“小萝卜头”一看张桂梅来了，紧紧地抓着她的胳膊，眼巴巴地看着她。

张桂梅突然意识到，孩子需要的不仅仅是简单的照顾，更需要的是一个可以亲密接触的妈妈。从那以后，“小萝卜头”就在张桂梅的臂弯里安了家。张桂梅哄着他一起睡，经常被幼小的他尿一身。张桂梅叫他“儿子”，这声“儿子”承载了张桂梅对他视如己出的爱和期待。

“小萝卜头”3岁时，张桂梅得到一个去北戴河疗养的机会。张桂梅毫不犹豫地带着“小萝卜头”一起去了。一天清晨，张桂梅背着“小萝卜头”去天安门看升国旗。升旗班班长抱着“小萝卜头”照相，可是“小萝卜头”却在升旗班班长怀里睡着了。张桂梅当时着急得直喊儿子：

“儿子！你别睡了，快醒醒吧！你看这么多人给你照相。”

张桂梅当时也没想到，这个在五星红旗下睡着的孩子，长大后竟然也成了一名军人。

“小萝卜头”在张桂梅的细心呵护下健康茁壮地成长，并考上了丽江市某高中。凭借着聪明和扎实的基本功，“小萝卜头”在多次考试中取得了优异的成绩。

但是好景不长，“小萝卜头”爱上了打电子游戏，甚至到了痴迷的程度，他的功课也因为打游戏落了下来。在“小萝卜头”的刻意隐瞒下，张桂梅并没有察觉到他的成绩下滑，直到张桂梅问起成绩单的事才露了馅。

暑假，张桂梅问“小萝卜头”高一下学期期末的成绩怎么样。“小萝卜头”捏造了一个“成绩单没发”的谎言试图搪塞过去。在迟迟等不到成绩单的情况下，作为家长的张桂梅打通了班主任老师的电话。就是这通电话着实伤透了张桂梅的心。

原来，“小萝卜头”没有带回成绩单，并不是因为成绩单没有发，而是因为他的成绩实在是惨不忍睹。更让张桂梅没有想到的是，他竟然已经发展到了在课堂上不听课玩手机游戏的地步。

张桂梅哭了两个小时，一面恨铁不成钢，一面自责自己管教不严。

“你怎么这么不懂事？”

被宠大的“小萝卜头”见到妈妈如此伤心，也意识到了自己的错误，当即向张桂梅承诺：

“老妈，我错了，我再也不打游戏了。”

为了让“小萝卜头”的学习重新步入正轨，张桂梅决定把他接回身边，安排在自己的眼皮底下——华坪女子高级中学，“小萝卜头”也成了华坪女高第一名男生。在这里，张桂梅每天都陪着“小萝卜头”学习，坚持每天为他准备一个苹果和一瓶酸奶，尽心尽力地为他创造一个有利的学习环境。

不久，“小萝卜头”转到了宁蒗宁海民族中学读书。巧合的是，这里也有从女高毕业的学生任教，张桂梅就将“小萝卜头”托付给她，希望可以让“小萝卜头”在高考前的这段时间继续冲刺，考出一个好的成绩。虽然，“小萝卜头”并没有像张桂梅期望的那样考上清华北大，不过好在他选择了自己喜欢的一所大学。大学毕业后，“小萝卜头”选择到贵州某部队服役，成了一名军人。

也许“老妈”在他身上有诸多遗憾，但更多的是欣慰和期许。后来，“小萝卜头”成长为一名顶天立地的男子汉。当年在军人怀抱里安睡的小孩子，如今成了保护他人安睡的人民子弟兵。

在成长的过程中，“小萝卜头”跟着张桂梅学会了无私奉献，也继承了华坪女高的红色基因，因此他选择了保家卫国，选择了为人民服务。

09 难忘的月饼

“八月十五月儿圆，中秋月饼香又甜。”

中秋节大家都会吃月饼。可是对儿童之家来说，在经费保证日常开销都捉襟见肘的情况下，月饼是一种可望而不可即的“奢侈品”。

张惠华（文中部分人名为化名）也知道这个道理。张惠华是和弟弟一起来到儿童之家的。父亲在矿难中不幸遇难，而母亲在这种打击之下离家出走，张惠华和弟弟从此便成了没有家的孩子。后来，他们被当地政府部门送到了儿童之家，从此吃饭和上学也算有了着落。

但是，刚刚经历家庭变故的张惠华内心总是

憋着一口没处可发的郁闷，这就使得他经常带着儿童之家的孩子们一起调皮捣蛋。

有一年秋天，眼看着马上到中秋节了，儿童之家的孩子们却迟迟没有听到任何过节的消息。有个孩子羡慕地说：

“快到中秋节了，我们班好多同学家里都买了月饼……”

说者无心，听者有意。年纪稍长的张惠华听出了弟弟妹妹们想吃月饼，他心想：“弟弟妹妹要吃月饼，我理应想办法让他们吃上。”

就这样，他开始动起了脑筋。

回儿童之家的路上会经过华坪县人民法院。张惠华看到那一排排铁围栏，突然有了主意。趁着没有人注意，他带着弟弟妹妹们费了九牛二虎之力，终于拧下来一些铁围栏，然后卖给了附近的废品收购站换了 10 元钱。拿到钱，他就迫不及待地带着弟弟妹妹去买了月饼，剩余的钱也买了其他的零食。因为担心张桂梅知道后会责罚他们，所以在回去之前，他们把所有的月饼和零食都吃光了。

可是没过几天，华坪县人民法院的工作人员找上门来了。在得知事情的详细经过后，张桂梅又气又惊，诚恳地向工作人员赔礼道歉。送走法院的工作人员之后，张桂梅把孩子们集合在一起，开始问拧铁围栏的原因。

因为张惠华提前叮嘱过，所以弟弟妹妹们坚守同盟，一时间都默不作声。张桂梅心里着急，为什么孩子们会犯这样的错误，到底是什么原因，她需要知道。张桂梅气得高高地举起手，假装要打他们，但是这个手却迟迟没有落下。最终，在她步步追问下，有个孩子说出了原因：卖掉铁围栏，换了月饼吃。

听到这个原因的张桂梅一怔，良久没有说话。她看着一个个稚嫩的脸庞，眼眶湿润了。张桂梅含着泪对孩子们说：

“要吃月饼可以告诉妈妈，但是绝不能去做坏事。”

对于儿童之家的孩子们，她既担忧又心疼：担忧的是，孩子们会因为抵不住诱惑而去做坏事；心疼的是，孩子们竟然只是因为买不起月饼而去偷铁卖。

下午吃饭的时候，儿童之家的桌子上多了平时见不到的水果和月饼。从此以后，每当中秋节来临，张桂梅都会给儿童之家的孩子们买月饼吃。这不仅仅是团圆，也是一个老妈为了呵护一群孩子的心，以及规整他们走向正途的爱。

卖铁围栏事件最后以张惠华被罚站而结束。后来在谈到这件事时，张惠华说：

“长大以后才明白，张妈妈是用这个事情告诉我们一个简单的道理，犯了错误就一定要承担后果。”

现在的张惠华对月饼仍然有一种特殊的感情。他在那年的月饼里，吃出了妈妈的味道：有隐忍的艰苦，有呵护他们的爱，还有心疼他们的真心实意。

目前，张惠华已经从华中农业大学毕业，并成为一名基层公务员。在工作之余，他经常回到儿童之家为孩子们补课。

儿童之家还有很多像张惠华这样的孩子。他们被张桂梅悉心呵护着，但是做错了事情也会被张妈妈惩罚。

为了让这些孩子有家的归属感，张桂梅会努力实现他们的愿望。比如当孩子提出要吃汉堡时，即使张桂梅发现严重超预算，也还是会给他们买，但同时也会跟孩子们商量，下次不能这么吃。

这就是一个普通的家庭对孩子应该有的爱和引导，既有宠爱也有界限。这样张弛有度的教育对于孩子们来说，是一餐一食的踏实和成长。而这份踏实，是因为有一个老妈在家里操持；这份爱也被浓缩在妈妈牌的月饼里，历久弥香。

贰

用生命做灯芯

10 读着读着就不来了

华坪县居住着汉族、傈僳族、彝族、傣族、苗族等各族群众，张桂梅所在的民族中学就是一个多民族学生集聚的地方。

在学校里，张桂梅面对的就是这些少数民族学生，他们的贫困程度远远超出了她的想象。有的家庭拿着一包钢镚儿、角票，还凑不出一学期的学杂费；有的学生冬天没有棉衣，脚上还穿着塑料凉鞋；有的学生没有被子，身下的褥子用几张纸壳子替代；有的学生头天晚上抓一把米放进暖水瓶，第二天当早点……

张桂梅发现班级里往往男生多女生少，女孩

子一般来自山区。这些女孩不笨，学习成绩也不错，可奇怪的是有些女孩读着读着就不来了。

她们去了哪里？

出于一名人民教师的责任心，她拿起花名册，按照花名册上记录的详细地址，看着地图上弯弯曲曲的几条路线就出发了。

华坪县是山区，所以张桂梅这一追，就追进了大山深处。为了找寻那些失学的孩子，她乘汽车、摩托车，骑骡马，拄着木棍，长途跋涉，走进海拔千米的高山。

这是中国的贫困地区之一，生活在这里的多数人吃不饱、穿不暖。很多孩子读着读着便辍学了，一天都没有上过学的女孩子也大有人在。她的学生一回到家里就喂猪、种地、带弟弟妹妹。这就是张桂梅面临的现实困境。

极端的贫困让张桂梅深感震惊的同时也十分难过。她来到曾经教过的女生家敲门：

“您好，我是民族中学的张老师。”

开门的人本来笑脸相迎，一听说是老师，立刻变得冷漠，将张桂梅拒之门外。

女孩子已经嫁人，他们不需要什么老师，他们需要的是钱。为了钱，他们将自己的女儿换取彩礼。

张桂梅心里流着泪，不死心地继续走村访寨，希望辍学的孩子们可以跟她回到学校。但是很多女孩的家长拒绝了张桂梅的请求。他们认为女孩没有必要继续读书，上了小学和初中，认识几个字，会写自己的名字就可以了。女孩应该帮父母种地，或者外出打工，要不然就早些嫁人换取彩礼。

数次碰壁的张桂梅站在大山深处，望着通往山外的道路犹如天梯——难，太难了，她想捞回几个学生继续读书实在是太难了。

在一个偏僻古村的山路旁，张桂梅遇见了一个小女孩。她坐在山石上，望着远处发呆，身旁放着镰刀和箩筐。

张桂梅看着她天真无邪的小脸，就问：

“你，就这样一直放牛了？”

女孩说话声音小得像蚊子：

“爸妈为了 3 万元彩礼，要我辍学嫁人！”

张桂梅十分惊讶，不由提高嗓门说道：

“你才多大呀？就要结婚？！”

女孩望着山外飘动的白云，用不符合年龄的语气回答张桂梅：

“我们这里的女孩儿，都是这样的命，虽然也知道有义务教育，可是……”

张桂梅依然抱着希望，劝她说：

“你还这么小，不念书真是太可惜了。”

女孩哭着说：

“我要读书，我不想嫁人！”

张桂梅来到女孩家，耐心劝导她的父母：

“孩子我带走，上学的费用我来出。”

没想到女孩的父母十分执拗，坚决不同意，甚至以死相逼：

“如果你今天把她带走，我们就死给你看！”

张桂梅遇到这种父母也无可奈何，只好放弃。

这天晚上大约 12 点钟，张桂梅才拖着疲惫的身子回到家中。她躺在床上辗转反侧，脑子里装的全是大山里的女孩们那一双双渴望知识的眼睛。这一切深深地烙在她的心底……

她失眠了。

她的学生多么可爱、多么聪明、多么懂事。然而，她们小小的年纪却要喂猪、种地，早早地嫁作他人妇。

不，她不能让自己的学生一生都困守在大山里，成为狭隘、愚昧以及陋习的牺牲品。

11 我有一个梦想

贫困女孩失学问题的背后往往是经济贫困伴随着精神上的贫瘠。家境贫寒使她们愚昧落后、观念陈腐，从而陷入“贫困女孩”到“贫困母亲”再到“贫困下一代”的恶性循环。

因此，张桂梅决心办一所全免费的女子高级中学，让大山里的女孩都可以上学，用知识阻断贫困的代际传递。

这个朴素又伟大的梦想，折射出一位优秀教师的远见卓识，蕴含着一个母亲的碧波柔情。这也是张桂梅在重新找到人生的归属后，甘愿与华坪大地上的亲人同呼吸、共命运的责任与担当。

她暗下决心要用智慧和爱心改变大山女孩的命运，让她们重拾人生的希望。

但这个梦想很快遭到了所有人的反对。时任华坪县教育局副局长的杨文华是给她泼冷水最多的人。

杨文华知道张桂梅想法后的第一反应是：太难了。

华坪县是云南省丽江市人口最少的一个县。由于是边疆农业县，底子薄，经济基础较差，所以难以解决办学经费问题。

张桂梅起草了一份申请筹建华坪免费女子高级中学的报告，交到了县教育局。

县领导都很重视她的报告，请来一些权威的专家进行了可行性论证。在县委组织的论证会上，几乎所有的专家都投了反对票。

什么年代了，还把男女分开？而且华坪县本来就有高中，再办女子高中没有必要。备受非议的张桂梅仍然没有放弃，坚持要通过自己的努力，切实解决当地贫困山区女孩子上学难的问题。虽然她没有办学经验，但是懂得一个朴素的道理：办学校要用钱。就这样，2002 年张桂梅扮演“丐帮帮主”的角色，四处奔波筹集资金。

但现实是残酷的。她没有筹到多少钱，也没有谁相信她的梦想，更有甚者，说她是“神经病”，得奖得出瘾了。

的确，张桂梅此时身形消瘦，逢人就说自己的梦想，一张嘴就是要办女子高中——全免费的大山女孩们的高中。她一次次地给上级写报告，在各种会议上呼吁倡导。有领导直言相告：

“张老师啊，你的想法不错。但仅靠咱华坪县的财政，不足以支撑建设这样一所中学。”

有同事劝她：

“桂梅呀，你当着民族中学的老师，还兼着福利院的院长，手头上的事情，还不够你操心的？”

朋友们都心疼地劝她：你张桂梅已经吃喝不愁、誉满华坪，干吗非要自讨苦吃呢？

张桂梅的态度并没有因为这些声音有丝毫的改变。她依然一面募捐，一面将梦想说给大家听。她希望有人能理解她，希望有人能帮助她，更希望学校早一天建成。因为，大山里的青春等不起，那些哭着想上学的女孩等不起。

2004 年，张桂梅和杨文华一起出差。一路上，她无心欣赏窗外的风景，只想说服这位局长帮忙。杨文华故意问她，是否知道光是筹建一间学校实验室需要多少钱。张桂梅回答得有些露怯：“两三万元总够了吧？”

“你把办学校想得太简单了！”

杨文华的回复直接且不留情面。但是张桂梅坚持认为，成立女子高中来解决贫困女生辍学严重的问题已经刻不容缓。最后两个人谁也没有说服谁。

是呀，身患多种疾病的她任教县民族中学毕业班，又兼任福利院院长，已经是满负荷工作了。但是她却还要干一件更大的事情——办一所全免费的女子高中。

办一所全免费女子高中，让每一名大山里的女孩都能够上学，为穷人创造公平！这是她痴人说梦吗？

不，绝不是。

因为，那么多的花季女孩只能烧点苞谷、烤些洋芋，混着发霉的米饭，一顿顿吃下去，一年年过下去，潦草凄苦没有尽头。如果女孩们读了书，她们就可以自立自强，走出大山，走向不同于祖辈的新天地。

12 戴眼镜的“骗子”

张桂梅管不了那么多，她没有放弃梦想。华坪就是她的家，她决心要为父老乡亲们办实事，坚持在贫困地区建一所免费高中，“规模化”地帮助山里女孩，改变她们及其家庭的命运，摆脱贫困，走出大山。

可是，在一个贫困县里建一所高中，还是免费的女子高中，是多么的艰难。

为了坚守创办免费女子高中的梦想，她利用假期走上丽江的街头，拿出优秀教师证来到人多的天桥、商业街去“乞讨”：

“我想建一所学校，你能不能支持我五块、

十块，两块也行？”

她热切地向人们讲述心目中的学校：

“请大家为辍学的女娃们捐出一份爱心吧！在华坪建立一所免费的女子高中，让可怜的孩子们有书读。这是一所充满希望的学校，从这里走出去的女孩们独立、自信、自尊、自强，她们将不再重复祖辈走过的路，她们有文化、有理想，她们将会有更美好的生活……”

就这样，张桂梅为了那些还没有见过外面世界的女孩子四处奔走筹集资金。她渴了就讨杯水喝，饿了就啃几口干粮，累了就找个地方躺下，饱尝了常人难以想象的辛酸。

在昆明，她请省工会的同志帮忙复印自己的事迹报道和各种荣誉材料。拿着这些东西，她去了一家又一家企业，可结果都是被拒之门外。

有一回，在一家单位里，工作人员认出了张桂梅，便奇怪地问她：

“你不是刚被评为‘全国十大女杰’吗？宣传材料还没撤下来，怎么就变成乞丐了……”

顶着这么多光环，要低下头来送上笑脸，难啊！为了筹集办学资金，骄傲的张桂梅早已放下自尊，多难听的话都忍了。

一次，张桂梅上某家企业寻求资助，没等说完来意，公司领导就挥手叫她马上出去，甚至喊来了保安驱赶，当时还有不少人跑来围观。不明真相的群众对着她大声说：

“大家快来看呐，这里有个女骗子，戴个眼镜就出来骗人！”

“女骗子，这么大年纪了还出来骗人！”

也许是出于对坏人的愤恨，竟有人向她吐口水。作为一名人民教师，此刻的张桂梅恨不得找个地缝钻进去。可为了山里女孩子走出贫困，她默默承受着人们的白眼、非议，继续一家一户地募捐。

姐姐知道张桂梅的遭遇后，十分心疼她，问她这是人干的事吗。她却执拗地表示，求人很丢人，但孩子们如果生活得不好更丢人。

就这样，她忍受着难堪，继续为筹建女子高中奔走呼号。有一天，她走得太累，走到省妇联大门口时就靠着墙睡着了。妇联主席认出了她，并给她赞助了一笔钱，但最后还是劝她别再募捐了。

可一心要为贫困女孩改变命运的张桂梅怎么可能听得进去？甚至有一次，她募捐时被工作人员粗暴地赶出来，工作人员还驱使大狼狗来撵她。瘦弱的张桂梅被恶狗追着跑，躲过几条街后，她捧着流血的脚，看着被狗撕开的裤腿，坐在地上放声大哭，宣泄她的难处、她的委屈……更多时候，疲惫无助的她坐在街头看着万家灯火，依旧无怨无悔念叨着：

“这辈子如果能救一代人，哪怕把命搭上，也值得。”

从2002年到2007年，张桂梅的筹钱之路走得十分艰难。她一下子苍老了许多，身体每况愈下，额头上、脑门上都是肿瘤转移鼓出的包，可募捐来的只有区区1万多元。

她的梦想不被人理解。在大家眼里，张桂梅的想法简直就是异想天开，一度有人议论她是哗众取宠。张桂梅得知后，气愤地反问：

“谁拿命哗众取宠？”

六年的苦苦坚持和挣扎，她走了太多的路，敲了太多的门，说了太多的话。然而，建立华坪县免费女子高级中学这个梦想依然遥不可及。别说办一所高中，就是办一个小规模的幼儿园，从审批手续到各种硬件设施、教师配备等，都需要一个庞杂的组织机构来操作，更何况是一所全免费的高级中学？

那时的她，是多么的难受与绝望。

张桂梅不禁自问：你张桂梅有什么呢？你没有权力，也没有钱，只有一片热心。你四处乞讨般募捐，得到的是同情，还有相当多的嘲讽。你曾经为了这个梦想，不知流过多少眼泪。可是想办一所高中，想平地起高楼，光靠眼泪怎么行？

为了筹款建女子高中，她甚至错过了见哥哥的最后一面。

姐姐从东北老家打来电话，说哥哥快不行了，一直在病房里喊着她的名字，希望她回来一趟。张桂梅双手紧紧握住电话，泪流满面，哥哥这是盼着见她最后一面啊。可是，中央电视台正邀请她参加一档节目。编导明确告诉她，请了知名的企业家，能不能得到赞助就看她自己的了。

从北京回东北老家比云南方便，念着病危的哥哥，张桂梅归心似箭，匆忙赶到了北京，却不承想节目因故推迟了。张桂梅内心焦急万分，左右为难。为了能得到社会赞助，她最后狠下心来，坚持留下来完成节目录制。在节目中，张桂梅的故事感动了现场的所有人，一位老总当即表示捐赠 50 万到 100 万！

与此同时，她等来了另一个消息：哥哥已经火化了。

把她带出家乡的三姐不理解她，抱怨道：

“你上辈子欠这些孩子咋的？”

可当看见妹妹病倒在床上，孩子们含着泪挤满了屋子哭喊着“妈妈”，任她磨破嘴皮子却没一个孩子愿意离开时，三姐又从心底里佩服妹妹。

“她是把自己都舍出去了！”

因为张桂梅是教师、是党员，最懂得山里人的渴盼。她对乡村教育的坚守，是这个时代的一股清流，也让世界看见了星星之火可以燎原的力量。

13 穿破洞牛仔裤开会

2007 年，张桂梅当选为中国共产党第十七次全国代表大会代表。作为华坪县的党代表，她将前往北京，参加此次举世瞩目的盛会。

参会前，张桂梅接到了县里的电话，让她领取开会补助。原来，华坪县委、县政府知道张桂梅平时省吃俭用、生活拮据，特意给她拨了 7000 元，让她购买一身适合正式场合穿着的服装，代表华坪县出席，展现云南人的形象。

张桂梅不想让县里给她花钱，但一想儿童之家正在为置办设备发愁，便欣然接受了县里的拨款。领到钱后，张桂梅想都没想，直接全部拿出来给儿童之家买了一台电脑。张桂梅把新电脑搬到大教室里，孩子们连上网线，轻点鼠标，打开了一个多姿多彩的新世界。孩子们笑了，张桂梅也笑了。钱花在孩子们身上，值了。

开会的日子越来越近，张桂梅把自己所有的衣服翻出来，希望能有一件适合的。可是这些年来，她一心扑在工作和孩子们身上，每每花钱购置新衣也是给孩子们买，自己竟然一件像样点儿的衣服都没有。

上北京开会毕竟是一件非常光荣、严肃的事情。她来到商场，咬咬牙，花了 200 元钱买了一件短款灰色西装。张桂梅很多年没有穿过一件像样的衣服了。

金秋十月，张桂梅梳着齐耳短发，上身穿着那件崭新的灰西装，下身穿着一条平时最喜欢穿的牛仔裤，干净简朴，从容不迫地走进了庄严的人民大会堂。

会议期间的一天早晨，张桂梅匆忙赶到会场门口，有人从后面轻轻拉住了她。回头一看，是一位女同志，胸前挂着记者证。张桂梅以为对方要采访，眼看会议马上开始，并不是采访的时候，就轻轻摆了摆手，表示拒绝。

谁知女记者并没有走开，而是上前靠近她，附到她耳边压低声音说：

“这位代表，您摸一下自己的裤子。”

“我的裤子？”

张桂梅觉得奇怪，下意识地伸出手向裤子后面一摸，顿时羞得满脸通红。这条牛仔裤跟着她在儿童之家带孩子，到学生家中走访，本是耐磨的，今天却在这么重要的场合破了两个洞。

她急忙使劲往下拉那件西装，可是衣服有些短，根本盖不住屁股后面裤子上的洞。张桂梅无奈地笑了笑，央求女记者可别给报道出去，等开完会，马上就去换一条新裤子。

其实，这次开会她只带了一条裤子。

女记者没有说什么，只是指了指不远处一个贴着“大会新闻中心”的房间，请她下午散会以后，到那里接受采访。

开会时，张桂梅听到了领导讲“促进社会公平正义，努力使全体人民学有所教”，她的眼神热切、专注，透着坚定的决心。

散会了，张桂梅和那位记者在新闻中心聊了起来。这一聊从下午聊到傍晚，又从傍晚聊到了深夜。

张桂梅讲着自己的亲身经历，从民族中学到儿童之家，从边疆山区到小县城学校，再到大山里的每次家访。张桂梅把一个党员看到的、听到的，连同自己的苦痛全部告诉了记者。说到弃婴，说到辍学早婚的山区女孩，她的眼泪从眼眶中涌出。

记者被张桂梅的经历深深打动了。她从张桂梅热切的目光中，看到了一个党员想要让每个孩子有学上的决心；从张桂梅那浓重的东北口音里，听到了一位中学教师一路走来的辛酸苦楚。她边听边记，也泪流满面。

张桂梅最后聊到了自己的梦想——建一所全免费的女子高中，让大山里的女孩能够上高中、上大学，让知识改变大山女孩的命运！

一天后，一篇题为《“我有一个梦想”——访云南省丽江市华坪县民族中学教师张桂梅代表》的稿件受到了社会的广泛关注。

一夜之间，张桂梅成为全国新闻记者追逐的“明星”，她的事迹陆续登上了各大媒体。接下来的几天，聚光灯下的她，面对公众讲述自己和孩子们的故事，讲着讲着便泪眼婆娑。无数听众和读者抹着眼角的泪花，他们知道了华坪县，知道了很多大山女孩因贫困而辍学。

这篇报道引起了当地政府的高度关注与重视。从北京回来后，丽江市、华坪县在教育经费紧张的情况下，分别拨款100万元，让张桂梅筹建女子高中。

这一天，她终于盼到了！几年来的个人奋斗虽然重要，但一个人的力量是多么的渺小，关键时候，党和政府才是孩子们最强大的靠山。

一条破洞牛仔裤创造了一个奇迹，国内第一所免费女子高级中学即将破土动工。

14 梦想照进现实

2007年11月30日，丽江市委、市政府决定启动新建丽江华坪女子高级中学。2008年5月，施工队来到民族中学旁边的空地，华坪女高一期工程开始动工。

每天，张桂梅不仅要在民族中学上课、在儿童之家带孩子，还要来到工地检查施工质量和进度。工人们十分敬重这位风风火火、干起事来一点儿也不含糊的老师。他们问张桂梅：

“我们盖过不少房子，就算是私家的楼房，业主也没有像你这样监督工程质量和进度的。又不是你家的房子，这么较真让自己挨累，咋想的？”

张桂梅回答：

“这座教学楼，可比我自己的房子重要不知多少倍啊！”

在社会各界的支持下，华坪女子高级中学教学楼9月竣工并投入使用。沿着县城边的狮山南巷往坡上走，在一片四周长满荒草的空地上，一栋孤零零的房子矗立在眼前。这就是新学校，最早只有一栋教学楼。看着崭新的五层教学楼，此时的张桂梅已经非常满足——因为这里，将是贫困家庭未来的希望。

张桂梅专门挑了个好日子，在北京奥运会开幕的8月8号召集全体教师开会，启动新学期的筹备工作。她带着老师们擦洗教室，把床从小山坡下抬进教学楼，铺上新被褥……为了节省费用，杂活都是学校老师们自己干。

刚建的新学校需要让更多的贫困学生知道。于是，张桂梅又带着大家上街贴广告；站在菜市场上宣传招生政策；走进深山遍访贫困女生，挨家挨户向她们的父母做工作，苦口婆心解释“知识改变命运”的道理。她告诉这些孩子，只要是农业户口，并且想读书，去华坪女高就有一张属于自己的课桌。带着希望的学生们从大山里走出来，坐上通往县城的长途汽车，去女高寻找属于自己的梦想。

2008 年 9 月 1 日，云南省丽江华坪女子高级中学首届开学典礼隆重举行，张桂梅出任校长。来自大山的孩子朝气蓬勃地跑进这个暂时还尘土飞扬的校园。

这一天，张桂梅激动得哭了。这一天，她的梦想照进现实。

开学典礼上，一个山区汉子不相信这所学校可以免费读书，一再询问张桂梅：他家娃来读书真的不收钱？当确认学校不收费时，这条汉子竟然对着张桂梅大声哭了起来……

首届华坪女高招了两个班。学校免收她们的学费、住宿费和书费不说，还给每名女生发放了 3 套校服和一个行李箱。女高成为贫困女孩人生的第一个转折点。

可是，学生是招进来了，学校却面临着难以想象的困难。

由于条件极其艰苦，学校没有围墙、没有宿舍、没有厕所，更没有保安，女生的安全问题一时间受到了学生家长们的强烈关注，社会上的一些人也开始说风凉话。

张桂梅顶着压力，将二楼的 3 间教室改造成学生宿舍，亲自带着女教师住进宿舍来陪伴女孩们。为了确保安全，男教师则用旧木板和碎砖头搭在楼梯间，建起简陋的大通铺，全天 24 小时轮流值守看护学生。

夜晚，女生要去隔壁中学上厕所，女老师陪同，男老师打手电筒护送。一向节省的张桂梅在安全管理支出上毫不心疼，教学楼一楼全部安装铁栅栏，发现宿舍门损坏立即维修。由于学校没有自来水，学生和老师洗衣服只能到学校背后的沟渠里洗，雨天沟渠的水里满是黄泥。

这一切让第一批入校的教师和学生们心理落差很大。张桂梅不后悔当初自己的决定，如果等学校全部建好，晚一年招生，就又有一批女孩被耽误了。为了改善办学条件，执着的张桂梅又开始四处奔波筹措资金。她想，一切都会慢慢好起来的。然而，安全只是办学的基础，还有更大的困难等着张桂梅。

学校是教书育人的地方，与她兼任院长的儿童之家不一样。来到这里的学生是要用学习成绩来证明自己的，如果没有学业上的进步，拿什么改变自己的命运？

可是来到这所学校的新生，因为招生时没有设置分数线这道门槛，她们中的很多人只熟悉本民族的语言，连普通话都说不好。一些学生基础差得连汉语拼音都不会，很多课程要从小学、初中补起。女高学生与其他学校的高中生相比，差距十分大。当老师把学校统一考试的成绩单摆在张桂梅面前时，她看着上面那些可怜的个位数字，心急如焚。

张桂梅整夜地睡不着。她要从何处下手呢？

开学后的第二个月，张桂梅组织全校教师听了一节生物公开课。晚上8点，她召集所有听课教师到会议室开会，一起谈谈对这节课的看法。

“这堂课讲得好！”

“讲得很不错！”

“很值得我们学习！”

……

没有人对那节课指出不足。在大家的相互吹捧中，张桂梅失望地提着一把椅子，走出了会议室。

面对这一幕，大家你看看我、我看看你，意识到校长肯定是对大家不摆问题只说成绩的态度相当不满才走的。接下来，众人不再打马虎眼，认真地互相提意见，并汇总交给校长。

第二天的例会上，张桂梅就此认真分析教学问题。实事求是找不足，就是为了确保教师业务水平能有效提升。她精细严谨的工作作风，让众人心悦诚服。教师们逐渐认识到，指出别人的不足不仅是帮助他人不断进步，也是自己积累经验的过程。

一心想快速提升教学质量的张桂梅，对教师管理非常严格。她说：

“好不容易家长才把学生送来给我们，我不管你们采用什么办法，一定要把所有学生都教出来，至少考进二本以上学校。”

这意味着大家要付出更多的努力才能完成张桂梅制定的几乎是不可能完成的教学目标。

有几位年轻教师受不了张桂梅严厉，想组织大家到教育局去反映情况。那天还没天亮，教师们都没去打扫校园的卫生，只有张桂梅一个人拿着扫帚，背着儿童之家的“小萝卜头”，在大风里默默地清扫校园。“小萝卜头”受不了灰，在背上扯妈妈的头发，用小手抓打妈妈表示抗议。

张桂梅瘦弱的身影在漫天飞扬的尘土里显得那么孤独和坚强。大家都沉默了，打消了离开女高的心思，拿起扫帚加入清扫校园的行列。

张桂梅梦想中的女子高中，经过千难万险终于建起来了，前方还有什么困难在等着她？

15 党员的力量

第一次统一考试成绩出来后，由于学生基础太差，成绩很不理想，老师们大受打击，纷纷打起退堂鼓。

华坪女子高中条件设施简陋、学生基础差、教师经验不足……许多人开始不看好学校的发展前景，甚至有的家长说：

“即使没钱，我也不送孩子去这个破学校！”

新生中很快就有人向学校申请转学、退学。原因有很多，有的是因为觉得这样的学校“差生”太多，怕耽误自己，还不如到其他学校；有的是因为学习跟不上，觉得没前途，不想浪费时间。

教师的队伍更不稳定。最初的华坪女子高中共有教师17名，这些教师是张桂梅一个个严格挑选出来的。但在华坪县，由于经济发展相对滞后，教师的收入并不高，无法满足教师们合理的薪资期望，不可能给他们提供比较好的待遇。加上张桂梅教学管理把关严，教师面临着超负荷的工作量，承受着巨大的教学压力。在这种情况下，17名教师中就有9名离开了，全校只剩下8名教师。

前有学生离校，后有教师辞职，张桂梅“腹背受敌”，难以招架。

教师的离去让华坪女高的教学工作几乎陷入瘫痪。眼看学校快要办不下去，县里计划将学生分流到其他高中继续就读，并承诺依旧各项费用全免。

辛辛苦苦建起来的女子高中就要停办，张桂梅难过得坐在学校的旗杆下抹泪，哭完后回到办公室整理档案。心灰意冷的她翻看材料，准备交接工作。这时，老师们的档案资料让她眼睛一亮：留下来的8名教师，有5名是党员，加上自己竟然有6名党员。

她一下子有了底气，重新燃起了希望。

张桂梅把这 5 名教师召集在一起开会。她问大家：

“如果是抗日战争年代，只要剩下一个党员，阵地就不会丢掉。现在我们有 6 个党员，要把这块教育的阵地丢掉，你们痛心不痛心？”

党员教师们都惭愧地低下了头，沉默了良久后，坚定地望着张桂梅说：

“张校长，你说怎么办吧，我们跟着你干！”

他们佩戴党徽，从重温入党誓词开始，准备重新出发。

没有党旗，党员们在学校二楼楼道的墙上，亲手画了一面。面对党旗，张桂梅领诵：

“我志愿加入中国共产党，拥护党的纲领，遵守党的章程，履行党员义务，执行党的决定，严守党的纪律，保守党的秘密，对党忠诚，积极工作，为共产主义奋斗终身，随时准备为党和人民牺牲一切，永不叛党。”

念完誓词，6 个人都哭了。最后他们紧握右拳向党旗庄严承诺：一定要把女子高中办好，一定要把学生们送进大学！

这件事给了张桂梅启示：一个人的力量是有限的，有党员，就要有党组织，有党组织就没有克服不了的困难。

于是，华坪女子高中的党支部很快成立了，张桂梅担任党支部书记。她带领全校党员教师，凭着一份责任和担当，成为华坪女高的骨干力量，逐步形成了以党支部和党员教师为核心的坚强战斗集体。

学校保住了，张桂梅和教师们拼命地教学！

经过一番思考，张桂梅提出了“革命传统立校，红色文化育人”的教育理念。党员教师佩戴党徽来上课，每周带着大家学习江姐、刘胡兰等革命先烈光辉事迹，将信仰的力量传递给学生。学生们在接受红色文化教育的过程中，潜移默化地感受到了革命先烈面对困难不怕流血牺牲、敢于拼搏的精神，从而激发起勤奋学习的昂扬斗志。

自此，学校开始了军事化管理，每件事都被严格限制在规定时间内，连吃饭时间都只有短短的 15 分钟。学生们珍惜在华坪女高的学习机会，加倍努力学习，学习效果显著。

经过一段时间探索后，华坪女高逐步形成了“党建统领教学、革命传统立校、红色文化育人”的特色教学模式，坚持每周开展“五个一”党性教育活动，即党员一律佩戴党员徽章上课，每周重温一次入党誓词，每周合唱一支革命经典歌曲，每周开展一次理论学习，每周观看一部红色影片。华坪女高用红色基因树人铸魂，努力培养合格的社会主义事业建设者和接班人。

学校终于步入正轨。

每天凌晨5点多，张桂梅都会第一个到教学楼里，开门、亮灯，检查是否有虫蛇等情况。白天工作时，实在撑不住，她就在办公室的椅子上眯一会儿。孩子们下了晚自习，张桂梅一层一层地巡查教学楼，确认没有安全隐患后，才回到学生宿舍，查看孩子们的就寝情况。常常到了深夜，她还在忙个不停。

多年来，张桂梅数次病危入院抢救，体重从130多斤掉到90斤。在一份诊断书上，医生密密麻麻列出了骨瘤、血管瘤、肺气肿等多种疾病。

张桂梅说："只要还有一口气，我就要站在讲台上，倾尽全力，奉献所有，九死亦无悔！"

铿锵誓言，道出了共产党人应有的价值追求。

16 十二年家访路

张桂梅第一年实地家访，是念着自己创作的小诗出发的。

如果我是一条小溪，

就要流向沙漠，

去滋润一片绿洲。

她带上地图，拿着一本花名册，望着满山的青翠，一个人风风火火地出发了。她要把家长会直接开到大山深处的学生家里。

作为一名教育者，她需要及时掌握学生的情况，包括成长环境、学习困难、心理诉求……如果在学校里开家长会，有些实际情况是摸不清的。

而且她认为把深山里的家长折腾到学校来，太给他们添麻烦了。于是，她一个人主动挑起了这副重担。家访中张桂梅自己带上干粮和矿泉水，从来不在学生家吃饭。

她的家访，是一次次长途跋涉的历险，不过她没有想那么多。

家访的时间固定在每年的寒暑假，这时的天气最不友好。2 月阴冷，冷风钻透棉衣吹得她骨头疼；7 月、8 月雨水多，山里沟壑纵横，山路陡峭湿滑，非常不好走。

有一年暑假，张桂梅到永胜县光华乡家访。乘车在山路上颠簸半天后，张桂梅还必须徒步爬上一座山，再下到山沟。这座山海拔落差大、坡度极陡。这不到 3 公里路程，张桂梅不知道摔了多少跤。最后，她满身是泥，十分狼狈地抵达学生家。

还有次家访，张桂梅差点摔下悬崖。

那时，她来到了一个山脚下，司机告诉她车上不去了，只能开到这里。雨雾中，她抬头远望，学生的家就在山顶。通往山顶仅有一条不到半米宽的山路，而路的一边就是万丈悬崖。如果走路的话，需要三四个小时，天黑也走不到。张桂梅心一横，决定坐摩托车上去。

这条小路异常狭窄，因为长时间下雨，出山的人也比较少，路面早被疯长的杂草掩盖住，哪里是道路哪里是坑洼完全无法辨认。只有车轮子落下去弹起，才能够感知到路面的情况。而紧临的石壁因为雨水的冲刷，不停地有泥沙、碎石滚落下来。

在这样崎岖蜿蜒的山路上，摩托车吃力地向上、向前。张桂梅坐在车上，山风飕飕地刮过发梢。她紧张得不敢低头，心慌得乱跳，双腿发软。摩托车只要稍微歪一点，她就会跌入悬崖粉身碎骨。每当想起这段经历，张桂梅都感到后怕。

考验张桂梅的还有石山密林、溪畔沟谷中的蛇类、蚊子和蝙蝠等。张桂梅出生在黑龙江，酷寒的气候条件下蛇类稀少，她没见过蛇。现在她走到人迹罕至的荒山野岭，便要特别当心各种毒蛇。

坚韧顽强的张桂梅心里想着姑娘们围着她撒娇，受了委屈又一个个扑到她的怀里，找安慰、找支持，喊着“校长妈妈”的样子；惦记着她们回到家里有没有安心学习、生活上有什么困难，这样她便什么毒蛇害虫也不怕了。

除了山高路远、虫蛇挡道，张桂梅最大的挑战是健康问题。

2012 年暑假，张桂梅去永胜县家访，一路奔波，休息的时间很少。步行到一段河谷时，她一脚踩滑，没站稳摔了一跤。被扶起来后她安慰大家说“没事”，但一直咳嗽并感觉胸口疼痛。张桂梅以为是咳嗽引发的，便吃了几片止痛药。可接下来胸口疼痛加剧，随后张桂梅又开始发烧，身体虚弱得连走路都困难。可她一想到孩子们下学期就要参加高考，便一声不吭地坚持、再坚持，直到全部走访完毕才去医院。

检查结果出来后，随行的人都哭了。原来那一跤，把张桂梅第七、八根肋骨生生摔裂了。她硬是忍着常人难以想象的疼痛，竭力保持声音的平稳，不让大家看出来，坚持家访。

是什么让瘦弱、疾病缠身的张桂梅一再坚持进山家访?

她说：“共产党员的责任和义务使我忘记了病痛，忘记了年龄，使我浑身充满力量。”

张桂梅有年寒假家访时，把衣服“丢”给了受冻的村民。住进县里一家小旅馆后，自己受寒发烧了，半夜口渴找不到热水喝，也不愿惊动旁人，就在那冰冷的冬夜，从水管里接凉水喝……她是用自己的生命做成灯芯，擎着教育的火种走进了大山里。

张桂梅的家访，是一次次教育服务的“长征”，执着的她一心要为女孩们插上飞出大山的翅膀。学生杨红学习跟不上，自己没了信心想退学。张桂梅知道了，坐车 10 个小时，翻过了几座大山，来到傈僳族村落。走进杨红家，她发现木头搭建起的窝棚就是一大家人的住所，而杨红是这个村寨里唯一的高中生。张桂梅连口水都顾不上喝，忙着开导杨红坚持学习下去。临走时，杨红的爷爷拉着张桂梅的手，久久不愿放开：

“我的孙女读高中了，我可以放心地走了。”

张桂梅郑重地承诺老人：

“我一定让您的孙女成为村里的第一个大学生！”

后来，杨红出门上大学的那天，全村 300 多人站满了她家周围的山坡，手里拿着鸡鸭为她送行。在她的影响下，村里陆续走出了好几位大学生，村庄也变得富足起来了。教育不仅是一个家庭的希望，也担负着整个村寨脱贫致富的重任。

每当想起当初对老人的承诺，张桂梅就觉得阴雨绵绵下的山路，不陡也不滑，天空放晴了许多。她把自己当成一股小溪流，去亲近大山，亲近远在山里生活的乡亲们。

在多年的家访中，大部分村民都很尊敬她，但不理解甚至不支持的人也不在少数。当她十八般武艺都用尽了，家长仍然阻挠孩子读书的时候，她还有一张王牌——一颗真诚炙热的心。

2015 年元宵节前，张桂梅来到学生李梅家。李梅的父母离异，她和弟弟跟着父亲生活。张桂梅一进屋，就看到自己学生正蹲在地上，双手搓洗着一大盆衣服。

她问李梅假期里有没有复习功课，李梅看了一眼边烤火边写作业的弟弟，嗫嚅着说，家务活干不完，没时间看书。张桂梅一听，捧起李梅那双被冻得已经溃疡的手，心疼得直掉眼泪。可是李梅的父亲却不以为然，他认为女儿本来就不应该上高中，应该早早外出打工，赚了钱让弟弟更好地读书。

面对这样重男轻女的家长，张桂梅绝不妥协，尽全力创造条件让李梅能够安心上学，考出好成绩，用事实说话。如今，李梅已经大学毕业，在昆明一家单位做人事管理工作。

新学期报到时，张桂梅经常会问家长一个问题：

“你为什么送孩子来女高？”

最初，家长们的回答往往很扎心：

“我们借不到钱，只能读这所学校。”

如今，对于同样的问题，大部分家长都会自豪地说：

“女高学生成绩好，又有张老师您当校长，我们信任这里，我们以女儿能来女高读书为荣！”

随着毕业的学生高考成绩好、工作出路好、贫困家庭富裕了，越来越多的大山女孩涌向华坪女高。而一年寒暑假加在一起八十多天，体弱多病的张桂梅不畏艰辛，尽力做到走访每一个家庭。

因为迷路，她误入百米深的悬崖，差点丢掉性命；因为路远，她过度劳累昏睡在路旁，被下乡的干部救起；因为把带的面包全部给了路边的孩子，她整整一天吃不上饭；因为脱下棉袄披在衣着单薄的老人身上，自己受冻得了伤寒发烧病倒；因为连续家访虚弱得走不动路，只好趴在马背上走出泥泞……

每次家访回来，张桂梅都要大病一场。后来，县里派车协助家访，但对于年纪大、身体长期有病的她来说，这无疑仍是一次次的“长征”。

2020年10月2日至7日，张桂梅在6天里走遍华坪县荣将镇、石龙坝镇、兴泉镇和船房乡的37个村小组，走访了39个农村学生家庭，平均每天走访六七家。她用柔弱的身躯扛过了那些巨大的疼痛，用共产党人的信念支撑着自己走进每个学生的家庭。

大道树人，厚德载物，这十几年教育“长征”的故事，已经化作甘甜的溪水回响在群山之间……

17 不能落下一个人

高考就是一场硬仗，张桂梅需要用三年的时间，把这些汉语拼音不行、普通话都说不好、小学文化课还欠账的“残兵弱士”，组建成一支骁勇善战的尖刀连，攻题掠卷，拿下高考。

这件事无论放在哪个逻辑里推演，似乎都是不可能完成的任务。但是张桂梅办到了，还不落下一个人地办到了。

奇迹是怎么发生的？

华坪女高刚建成时，一个现实问题就摆在张桂梅面前：筹来了钱，可筹不来分数。学生基础差，考试成绩几乎都不及格。

她去县里开会，听到人们议论：

“说得可好，成绩那么差出来怎么办？”

“三年后，如果只有一张高中毕业证，可帮不了这些孩子！”

好友也替她着急，开始数落：“不让你干，你非干。”

大家普遍觉得学习是水到渠成的事。只有小学、初中打下良好的基础，通过高中学习才能顺理成章地考上大学。在教育战线实践多年的张桂梅认为，这些观点对，但也不对：对的是学习需要循序渐进，水到渠成；不对的是非常之人可行非常之事。

张桂梅刚调入华坪任教时，正值教育情况备受全县人民关注的时候。县委书记、县长多次在会议上大声疾呼：

“重振华坪教育雄风的时候到了！”

在人们的焦虑、期盼中，张桂梅通过艰辛的努力，教学的第一年就为华坪打了个翻身仗。她带的班级，在各级各类竞赛中取得了一连串骄人的战绩。

在女高建校之初，张桂梅就写下了气势磅礴的宣誓词：

我生来就是高山而非溪流，我欲于群峰之巅俯视平庸的沟壑。

我生来就是人杰而非草芥，我站在伟人之肩藐视卑微的懦夫。

兵勇才能上阵。她先树立起孩子们的自信，让她们相信读书能改变自己、改变父母、改变家庭状况，从而为人生、为未来而奋斗。

接下来，张桂梅带着全体师生一起打时间战，开启题海战术。

她对孩子们“狠”，就是为了使她们能够突破学习的坚冰。老师苦教、学生苦学、政府苦供，用拼命换前途。高强度的学习生活极大考验学生们的意志力，同时也让个别女孩打起了退堂鼓，当逃兵。

一年腊月，正在读高二的女生林玉一次模拟考试数学只得了5分，气得数学老师直掉眼泪，并向张桂梅提出辞职。林玉自己也很灰心丧气，不再奢望能够考上大学，干脆来个破罐子破摔，上课不听讲，下课不认真完成作业，其他学科成绩也一落千丈……

张桂梅了解情况后，和老师们冒着风雪，坐车颠簸了5

个多小时，来到永胜县顺州乡的林玉家。

这是一个位于大山之巅的古老纳西族村子，在寒冷的季节，这个村子显得孤零零的。林玉的父母出来迎接时，张桂梅鼻子发酸，含着眼泪，声音哽咽。

天寒地冻的山区，林玉的妈妈只穿着单衣单裤，鞋子也是单的，冻得脸色发青，整个人直打哆嗦。林玉爸穿得稍厚一点，可是两只摆动的空袖管令人吃惊，张桂梅这才知道林玉爸没了双手。

在与林玉父母的交谈中，张桂梅了解到林玉家生活的难。不光是缺少劳动力，这里的土地也十分贫瘠，一年到头只能种植土豆、红薯、苦荞等作物。秋粮还没收上来的时候，家里往往就不剩多少米粮了。除此之外，林玉家基本没有其他经济来源。

原先村里还有七八户人家，这几年投靠子女陆续迁走了。林玉爸羡慕地说，邻居家是供子女上学，孩子在外面有了体面的工作后，被风光地接走的。如今村里人去房空，只剩下他们一家人。

张桂梅一听，一下子明白过来。林玉爸是希望自己的孩子能有出息，将来有一天也在外面找个好工作，把他们接出去离开这里。

“孩子怎么啦？学习成绩怎么样？”

面对林玉父母的询问，张桂梅沉默了一下说：

“孩子没事，成绩也不错。”

家访回来后，张桂梅的心情久久不能平静。她帮着林玉家办了贷款，然后把林玉叫到跟前找她谈心。林玉彻底认清了现实，决定为自己和父母搏一搏。

每天下晚自习后，等宿舍里的同学们睡下，林玉都会悄悄起床来到走廊，借助微弱的灯光看书。有时，她甚至都不知道自己看书看到几点，手里抱着书本就睡着了。第二天一早，听见其他同学起床了，她就马上进宿舍洗漱，然后直接去上课。

功夫不负有心人。2017 年 9 月，林玉以超过一本分数线的高考成绩被曲靖师范学院录取。在华坪女高，像林玉这样成功逆袭的例子不在少数。

高三学生陈小琴模拟考试成绩才 390 分，成绩下滑得很厉害。张桂梅利用国庆假期来到船房乡华荣村进行家访。陈小琴家是贫困户，母亲有精神疾病，父亲受到村里帮扶，当了村里的保洁员。张桂梅明白了陈小琴的心病，及时开导鼓励她：

“大家都在帮助你家，你在学校的生活费有学校补助，你不用担心家里，应该全力以赴地专心读书。”

近年来，华坪女高高考成绩综合排名常居丽江市第一。这个成绩，是华坪女高全体师生拼出来的、苦出来的。

“能考走一个算一个”是张桂梅经常说的话。作为一名党员，她对自己的要求就是对女高的每一名学生负责。

2020 年 7 月，华坪女高有 159 人参加高考，600 分以上有 17 人，一本线以上 70 人。理科最高 651 分，文科最高 619 分。

华坪女高，没有落下一个人。张桂梅做到了，她缔造了教育的奇迹！

18 工资卡属于孩子

华坪女子高级中学校长、“全国优秀教师”张桂梅没有存款、没有房产。她身上穿的衣服往往只有几十块钱，她的手机一用就是很多年，还是最便宜的那种。

那她的钱都花哪儿去了呢?

20 世纪 90 年代，张桂梅在中学教书。一天早上，一个傈僳族小男孩窝在宿舍床上不愿起来，还用被子把自己的头捂得紧紧的。张桂梅坐在床边，耐心地询问这个小男孩：

“发生什么事情了？”

孩子扯下头上的被子，怯怯地回答：

“我……没钱吃饭了。”

张桂梅什么也没想，从口袋里掏出 20 元钱放在小男孩的手中。

“你先用着，生活费我会想办法。”

后来，张桂梅每个星期都会资助小男孩 30 元作为生活费，直到他完成初中学业。

这样的事情还有很多……为了把钱省下来花在孩子们身上，张桂梅不舍得吃肉，每天只花 3 块钱。

2001 年，县儿童福利院（后改名儿童之家）成立。福利院是县民政局下属事业单位，主要依靠县财政拨款、社会捐助，以及张桂梅向各部门争取到的经费维持运转。

福利院成立之初，张桂梅就把工资卡交给了财务人员。孩子们的医药费、服装费、学费和部分伙食费，都从张桂梅的工资卡里领取，甚至孩子们到外面读书的火车票钱，她也会交代财务人员从工资卡里支出。

2008 年 8 月，华坪女子高级中学成立。张桂梅的工资卡由儿童之家和女高财务共同使用，她甚至还把各级、各部门给她的慰问金、劳模补助等费用一块交给财务，统统作为老师们的加班费。

张桂梅对自己“抠门”在华坪县里是出了名的。她的吃、穿、用都极为简朴。她无房无车，常年住在学生宿舍，衣服只有几件，仅够换洗。早饭经常是一个馒头，午饭、晚饭也是简简单单的一碗面条就解决了。一部老年手机张桂梅用了很多年，按键上的数字符号都看不清楚了她都没舍得换。直到前不久电池报废，相同手机型号的电池早已淘汰以致无法维修时，她才换了一部便宜的智能手机。

但是，张桂梅对有困难的学生往往倾囊相助。有一回，她听说毕业生吕娜正在上初中的妹妹好几天没有上学了，便急得不顾病痛，马上坐车出去寻找。几个小时后，女孩找到了，依偎在张桂梅怀里哭泣。

原来，女孩是因为思念去世的父亲，没心思听课。张桂梅安抚着说：

“想爸爸了就到坟上跟他说说话，要好好读书，不能让爸爸失望。”

张桂梅了解到吕娜的母亲一个人抚养两个孩子经济十分困难，便从兜里掏出一个信封塞到吕娜母亲手里。信封里装着的，是政府刚给张桂梅看病的一万元慰问金。

张桂梅从来舍不得多花一分钱在自己身上，可是给学生们买模拟题资料从来不手软，一出手就是32万。她说，只要学生成绩能提高，就值。对于有困难的群众，张桂梅也十分慷慨，不止一次掏钱帮助乡亲们治病、修路、修房、建水窖。

家住龙头村的学生山启燕，父亲身体不好，母亲在水泥厂打工。每到假期，她一大清早就要去田里砍甘蔗，然后背到镇上卖。高三寒假，张桂梅来荣将镇家访，一眼就认出了卖甘蔗的是自己学生。

了解山启燕的家庭情况后，张桂梅默默记在心里，经常偷偷塞生活费给她。后来，走上幼教岗位的山启燕说：

“女高不仅是一个学习的地方，更像是一个大家庭，而校长就是最牵挂我们的家人。”

2018年4月的一天夜里，张桂梅多种疾病并发，痛得失去意识，被送往县医院抢救。她醒来说的第一句话是：

“我情况不太好，能不能让民政部门把丧葬费提前给我，我想看着这笔钱用在孩子们身上。”

在场的人一听，顿时哭成一片。

2019 年 8 月 5 日至 9 月 3 日，华坪县委开展第九轮巡察工作。第一巡察组巡察县教育体育局，此项工作需要延伸到各个学校。

巡察组遇到了一个难题：张桂梅是公认的典型，她的每一分钱都花在了孩子们身上，那巡察组是否还需要进驻华坪女高?

最终，按照工作流程，巡察组还是决定进驻华坪女高。巡察组翻看着一张张详尽、明晰的账目，查阅了学校 2013 年以来的所有财务凭证。令他们吃惊的是，六年的报销单里竟然没有张桂梅的一张餐票、一笔差旅费，整个学校账目也没有发现一笔不合规开支。

参加过多次巡察的同志非常震惊，对组长说：

“组长，我觉得太震撼了，所有票据中，居然没有一分钱是张桂梅老师领报的。”

“这是让我感受最深刻的一次党性教育，是一堂无声胜有声、极其生动的党课……”

工作数十年，张桂梅名下几乎没有任何财产。几十年的工资收入，除了看病吃药，她至少捐出了 100 万元。如今，回想起要预支丧葬费这件事，张桂梅仍坚持说，如果哪天自己突然走了，千万不要操办什么丧事，骨灰撒到金沙江里就完事了。

为孩子，为教育，张桂梅捧着一颗赤诚之心，几乎拿出自己全部的收入，圆了孩子们的求学梦，铺就老百姓脱贫致富的金光大道。

19 挡在最危险的地方

华坪女高的学生们来自大山深处。她们离开家，来到陌生的环境，需要适应学校规章制度、适应集体生活、适应高强度的学习压力，又正是青春期，因此她们情绪往往很不稳定。在这种情况下，张桂梅十几年如一日，扮演了陪读母亲的角色，悉心照料校园里的每一个孩子。

张桂梅就住在三楼女生宿舍靠近门的一张小床上。这张小床上摆着教科书、教案、手电筒、小喇叭、闹钟和止痛药。张桂梅总是和衣而卧：一方面，学生有什么事情，她可以快速起床及时解决；另一方面，守着一百多个女孩子，有着高度责任心的张桂梅怎么可能放松入睡?

张桂梅理所当然地说:

“有什么事，我第一个跑出去，可以挡点儿什么。”

是啊，天下所有母亲的本能都是毫不犹豫地挡在孩子前面，为了孩子，她可以变得勇敢、刚强，随时准备做出牺牲。

张桂梅的床边还有一张床，这是留给需要特殊照顾的学生的。

李思思高一下学期时，精神状态很差，经常无精打采，这引起了张桂梅的注意。张桂梅便让李思思住进了自己的宿舍。

晚上，张桂梅试着和李思思聊天，希望能帮助她解开心结。但有些自我封闭的女孩总想躲着校长，不给她任何回应。有着多年教育经验的张桂梅没有着急，李思思不愿意说话也没关系，总归有自己看护着生活起居，不能让孩子出事。

张桂梅不管白天工作多么辛苦，睡觉前都会主动说些让女孩精神放松的话题，坚持心理疏导，但敏感的李思思仍是不吱声，有意回避校长的关爱。

不久，一场意外打破了这个僵局。一天，张桂梅在食堂帮忙时，不小心摔断了 3 根肋骨，固定处理后，医生建议她住院治疗。但始终把孩子们放在第一位的张桂梅，想都没想便拒绝了，坚持留在学校继续为学生们服务。

张桂梅虽然受了伤，可对李思思的心理疏导一天也没有落下，比自己换药、吃药都上心。

这天晚上，张桂梅睡着后，李思思偷偷溜下了床。月光下，她看着张桂梅憔悴苍老的脸，想到校长每天关心自己的点点滴滴——自己洗了校服，校长就打开电风扇给衣服吹干；睡觉前，会先给自己的床喷上驱蚊液……

李思思原本脆弱冰冷的心被校长妈妈给捂热了。她不再害怕学习路上的艰难，不再害怕未来生活的不确定。她明白张桂梅所做的一切都是为了学生们能出人头地，改变命运，将来过上好日子……

凌晨，张桂梅从宿舍的小床上睁开双眼时，大脑还处于一片昏沉状态。李思思见张桂梅醒了便伸手去扶。确认张桂梅起来后，李思思仍是一言不发，轻轻爬回自己的床上躺下……

张桂梅受伤后，作息也没有改变。她每天忍着痛，早晨

5 时准时起床，半夜等到学生们熄灯了才睡下。

有天晚上，张桂梅扯动了伤口，忍不住呻吟了一声。李思思终于忍不住，抱着张桂梅大哭起来。她一边哭，一边向张桂梅敞开了心扉，说出了心底的话。李思思发誓自己一定会好好读书，不会辜负校长妈妈。

李思思的哭声引来了其他宿舍的姑娘们，大家心疼校长妈妈，都跟着哭了起来。望着满屋子的姑娘们那挂着泪珠的一张张脸庞，张桂梅鼻子一酸，她感受到了为人师为人母的幸福。

2020 年高考结束，张桂梅收到李思思发来的短信。

“如果不是您，我可能连专科都上不了。在您的教导下，我不仅放下了自卑，还在女高度过了难忘的三年。下一届的学妹们也许和当初不省心的我一样让您忧心，但我相信您会坚持下去，我也会继续努力！”

未来，张桂梅依然会和衣而卧，雷打不动地挡在最危险的地方。她要凭着胸膛里跳动的、充满希望的火苗，去和姑娘们面对面、心连心，让璀璨光明的爱充满同一间心房。

20 校园里的小喇叭

如果问你最想拥有的超能力是什么，答案肯定五花八门、千奇百怪。

张桂梅最想要的超能力是：希望时针转的每一分钟，都能逆转贫穷。

为此，她特地给自己配置了一个法宝——小喇叭。这是一个电动小喇叭，白色的塑料喇叭口，绿色的尾部扩音器，用手按住握柄上的开关，声音就会清晰地传得很远。为了和时间赛跑，她已经用坏了好几个喇叭。

在华坪女高，学习基础差的学生要想拿到高等教育的入场券，只能加倍努力。张桂梅深知，时间管理是学习必不可少的一项重要技能。但培养学生们的时间管理能力不是一蹴而就的事情，不可能仅靠一张严格的作息时间表就能实现，而是需要有人在日常生活和学习中反复提醒、时时告诫。如此往复，孩子们才能进入学习的良性循环。

每天清晨，张桂梅的房间总是第一个亮灯。闹钟设定在5点，一睁开眼，张桂梅就感到全身僵硬、头疼欲裂，她没敢发出声音。过了一会儿，张桂梅摸出枕头边的黑框眼镜戴上，又稍微整理了下头发，艰难地扶着墙离开宿舍。

天刚蒙蒙亮，身影单薄的张桂梅已经来到教学楼靠近宿舍的拐角处，一级一级吃力地往上爬。她用手电筒赶走山里来的野猫、野狗、蝙蝠甚至眼镜蛇，然后从一楼到四楼，把走廊上的灯一一打开。

5点30分，张桂梅伸出细瘦贴满膏药的手，举起小喇叭，用洪亮声音“吼”起来：

“姑娘们，起床读书了。快点！要迟到了！”

随着这声呼唤，休息一夜的“士兵”一下子重新回到了“战场”。刷牙、洗脸、跑步的声音，从宿舍弥漫到操场。接着，朗朗的读书声便在每一间教室沸然响起。

到了课间，张桂梅的小喇叭又在操场上回荡：

“跑步啦，快点快点！”

食堂开饭了。她的小喇叭依然斗志昂扬地追着姑娘们：

“都别说话，好好吃饭！”

在这只有 10 分钟的午饭时间，学生们也各有各的办法、各有各的招数：有些学生蹲着吃，有些学生挨着水池吃，有些学生干脆走着吃……吃完了洗碗快。

短暂的午睡时间一过，小喇叭响起催促声：

“再给你们一分钟时间，跑不到我关门了。”

晚上，到了休息时间，张桂梅的小喇叭又传出一天当中最后一次叮咛：

“请大家准备上床睡觉，还有五分钟就关灯了！”

小喇叭传出的声音，干净利落，从早晨到晚上，从春夏到秋冬，一直回响在女高的校园里。算下来，“喊起床”“喊早读”“喊宣誓”“喊唱歌”“喊吃饭”“喊午休”“喊晚安”，一共有“七喊”。所以在华坪，“七喊校长”是张桂梅的又一个绰号。

“没儿没女的人，才这么逼学生。”

难听的话有时也会传进张桂梅耳朵里，但她就当没听见。成大事者“必先苦其心志，劳其筋骨”，这些大山里的女孩从小到大没有时间管理意识，她们需要强化支配时间的能力。

一些调皮的学生在背后称她是“大魔头”“周扒皮”。张桂梅则是苦口婆心地劝导：

“‘三更灯火五更鸡，正是男儿读书时。黑发不知勤学早，白首方悔读书迟。’姑娘们，人家男儿从古至今读书都那么刻苦，咱们女孩子也要争气呀，没有头悬梁、锥刺股的精神，怎么能提高学习成绩？咱们得吃别人吃不了的苦，才能把成绩搞上去，姑娘们，加油啊！”

在小喇叭的催促声中，女孩们天天都上演着“速度与激情”，总是在跑——跑着进教室、跑着去食堂、跑着集合做操、跑着回宿舍……生怕耽误一分一秒。渐渐地，好多学生改变了懒散、做事拖沓的习惯，熟悉并适应了张桂梅的小喇叭。

喇叭声，让学生们懂得了人生的一个原则：舍弃。一个人的时间和精力都是有限的，特别是高中三年。

知识不像山里那些春天的花和秋天的果，举手就可以摘下来。要想获得好成绩，钥匙只有一把——抓住每一分每一秒。女孩们听懂了小喇叭喊出来的，原来是一曲冲锋号，引领着她们集结、列阵、冲锋，去攻克学习上的一个个难关和堡垒。

小喇叭让女孩们感到心里特别踏实。她们对每天小喇叭不离手的张桂梅无比感恩：正是这个满脸皱纹、佝偻着腰背、上下楼梯都是攥紧扶手一步步地挪着喊喇叭的人，让她们从深山里走了出来，让她们不交学费就能加入求知的队伍里来，通过学业竞争寻找人生出路。她们还有什么理由不好好学习呢？如果再不把学习成绩拼上去，她们真的是没有颜面见校长，愧对家乡的父母，更是无法面对未来的自己。

现在的小喇叭，已经成为华坪女高校园生活的一部分。如果张桂梅出差或者出去开会了，孩子们一天听不到小喇叭的声音，就像少了点什么。

2020 年 6 月，张桂梅去昆明参加“云岭楷模”专场发布会。在这次会议上，张桂梅被授予“云岭楷模”荣誉称号。

从华坪到省会昆明有三百多公里，汽车要走六七个小时。学校的师生们在想，校长肯定会在昆明住上一晚再回来。但会议刚结束，张桂梅就急着要往回赶。考虑到她的身体，主办方劝说她，歇一晚上再回华坪，可是张桂梅摇了摇头，坚持连夜赶回去。

“我还是离不开我的学生们。”

第二天清晨，当学生们还在梦中的时候，小喇叭一如既往地响了起来：

“姑娘们,起床吧,抓紧时间洗脸、刷牙,快点出来跑步！”

若干年后,假如华坪女子高中要建一个校史展览室的话,有一样东西，应该摆放在这个展厅最醒目的位置，那就是张桂梅使用过的小喇叭。它将穿越时空，向每一位参观者讲述那些呕心沥血、献身教育的感人故事。

21 500杯奶茶

你还记得自己是在什么时候、什么地方喝下人生的第一杯奶茶的吗？

2020年8月下旬，华坪女高新一届高一学生160人，穿着新校服站得笔直，开始军训。

烈日下，张桂梅虽然双手缠着膏药、腿脚不便，但依然坚持陪在操场边。细心的她发现，军训休息时间，一些家庭条件稍好的学生就会买饮料喝，而大多数学生只能眼巴巴地看着。

张桂梅看到了这一幕，内心最柔软的地方被击中了。张桂梅决定：没有条件创造条件，也要让大山里的女孩和别人一样。

她抬起喇叭，冲着学生们说：

“姑娘们，想喝什么，我请你们喝。”

一听校长要请客，女孩们高兴极了，大声地说：

“我们要喝奶茶！我们要喝茶 π ！”

“好！喝茶 π，每人一瓶！”

其实张桂梅根本不知道“茶 π”是什么，她从来没喝过。但为了满足学生的心愿，她便马上让人去买。

160 多瓶茶 π 很快送到了学校，新生们高兴得又唱又跳。

这时，下课铃声响起，高年级学生从楼道里鱼贯而出，看到学妹们在喝饮料便冲着张桂梅撒娇：“我们也要喝！”

张桂梅心软了：“都给买吧！你们想喝什么？”

“烧——仙——草！”

“买！每人一瓶，人人都有份！”张桂梅朝她们说道。

女孩们一听，“哇——”地发出感叹，却又都不再吵着要饮料了，她们舍不得校长妈妈花这么多钱。

张桂梅让杨会计去帮忙买烧仙草奶茶，杨会计不同意买。张桂梅很疑惑：“为什么不买，不就 500 多块钱吗？”

杨会计摇着头说：“啥 500 啊，5000 多！”

这时候，刚给新生发完茶 π 的办公室主任张晓峰，听说校长又要给全校学生买奶茶，也急匆匆地赶来制止了。

原来，是张桂梅算账算错了，她以为买奶茶 500 多块钱就够了，结果要 5000 多元。但张桂梅力排众议，让人马上去买奶茶，她想保护孩子们的自尊，也想让这些孩子的生活甜一点。

这天，当 500 多杯烧仙草奶茶陆续送进全校所有班级时，惊呼声一片。女孩们欢呼雀跃的样子让人难忘，画面温馨感人。

“我也要让山里的孩子‘潮’一回！我希望有一天，孩子们上街的时候，想喝什么就能喝什么！”

张桂梅的这句话，像是来自童话王国的一个美丽约定。在童话里，没有贫富，没有山里山外，人人都能够实现自己的愿望。

但是生活不是童话，在跨越教育阶梯的过程中，她的学生必须面对不同成长环境带来的差距。

华坪女高第一届毕业生周云丽上大学时，发现素质教育环境下长大的同学往往能歌善舞、多才多艺，而自己除了会做题其他的都不擅长。女生们用的化妆品，她也没见过，更别说用了。大学生的标配是电脑，她舍不得买，还是父亲不愿女儿落于人后，特意跑到县城，花费 4000 元为她买了一台电脑。

另一位毕业生说，大学的口语课上，自己蹩脚的英语口音一出，很多同学忍不住笑……如何融入外面的世界，如何与自己内心和解，是她们需要面对的新问题。

这样的事情是张桂梅不曾预想的。她意识到，学校也需要与时俱进。她开始让学生跳鬼步舞，让儿童之家的孩子吃汉堡、披萨。

时光荏苒，一批又一批大山女孩跨出华坪女高校门，但她们永远不会忘记张妈妈买的奶茶。

叁

人一定要有精神

22 张桂梅的“专车”

凌晨5点的华坪女高校园，总会看到一个瘦弱的身影以及她的“专车”——一辆电动摩托车。“专车”的司机则是一名在儿童之家长大，目前在华坪女高工作的员工。

张桂梅的“专车”，还要从1997年说起。

那一年，严重的子宫肿瘤让她经历了一次大手术。手术做完后，医生建议她静养，但她还是在短暂的休息后就去民族中学任教。张桂梅出院时，县领导担心其他交通工具颠簸对她的身体恢复不利，要派一辆车来接她。张桂梅觉得太麻烦组织，婉言拒绝。县领导了解她的性格，直接派来了一辆专车。最后，张桂梅拗不过领导，坐上了这辆车回到宿舍。

在华坪女高建立初期，考虑到张桂梅的身体，县里本来打算配一辆专车给华坪女高使用，但是张桂梅始终拒绝。她说自己不能搞特殊化，并且指着满大街的“摩的”说：

“我有专车，而且随叫随到。”

后来，张桂梅的“专车”就是那些在华坪县城随处可见的“摩的”。

那时候的张桂梅起早贪黑，奔波在儿童之家和华坪女高之间。张桂梅的事迹渐渐地传遍了华坪县，也传到了这些“摩的”师傅耳中，很多“摩的”师傅都认识她，赵富华就是其中的一位。他说：

“张老师对学生要求严格，对自己更严格。”

他们被张桂梅的事迹感动着，所以张老师每次乘车，师傅们都不想收她的车费。张桂梅却说：

“你们司机为什么要给我免费，总不能让你们白跑一趟。”

每次坐车后，张桂梅都不由分说地塞给师傅车费，然后转身就走。原本4块钱的路费，张桂梅经常塞给师傅5块钱。

这些年，“摩的”师傅们同这座县城一起见证了儿童之家和华坪女高越办越好。“摩的”的后座不仅承载了张桂梅这么多年的酸甜苦辣，同时也见证了她四处奔波改变大山孩子命运的步伐。

张桂梅走进大山，挨家挨户地“捞人”。而在这漫长的家访路上，张桂梅的“专车”可谓千奇百怪。如果地方偏远，她会向县里借车。而这些司机回忆说张老师要去的地方偏远，路况又不好，而且需要天不亮就出发，回到家已经大半晚上了。而更艰苦的是在路上前不着村、后不着店，加之时间紧迫，因此他们吃饭一般都是在路边吃面包喝牛奶就对付过去了。

后来，张桂梅为了减轻县里负担，路途较近的就会找摩托车或者其他的交通工具。

张桂梅的“专车”可不止这些，有时候还有老乡家的马匹。

有一次去光华乡家访，张桂梅颠簸了半天才来到乡上，又徒步爬了 3 公里的山路才到达学生家里。等到家访结束，天已经快要黑下来了，大家都着急地往回赶路。可是经过一天的折腾，张桂梅已经走不动了。只见学生的爷爷牵出家里一匹瘦骨嶙峋的老马，让张桂梅骑着下山，赶回学校。

现如今，张桂梅年事已高，身患20多种疾病的她，拥有了自己的“专车”——一辆随时待命的电动摩托车。这辆“专车”会准时在女高宿舍楼下等候张妈妈。

那一阵阵摩托车发动的响声，拉开了张桂梅一天忙碌的序幕。凌晨5点，“专车”接张桂梅去教学楼。中午11点50分，“专车”又准时来到教学楼下，载着张桂梅去学校食堂监督学生吃饭。到了晚上6点多，“专车”又将张桂梅从女高送回儿童之家，等到张桂梅陪伴孩子们一个多小时后，又载着她返回女高。直到晚上11点多女高放学，“专车”再次载着张桂梅回宿舍，这才结束了一天的行程。

年龄和病痛并没有阻止张桂梅继续在女高用教育阻断贫穷的努力，更没有阻止她为大山里孩子追求教育平等的决心。

作为共产党员，张桂梅时刻保持初心，严格要求自己，并没有因为自己的功绩而骄傲自满、搞特殊化，而是时刻以人民群众为中心。她的“专车”始终是随叫随到的最简易的摩托车，但这个摩托车上承载的却是华坪县千千万万个家庭的希望。

23 以江姐为榜样

“红日升在东方，其大道满霞光，我何其幸，生于你怀，承一脉血流淌。”

这首《万疆》是为了庆祝中国共产党建党100周年而创作的。它不仅火遍各大网络平台，也被女高人传唱，领唱的便是张桂梅。

像这样的红色歌曲，女高师生们每天都会唱，因为女高的底色是耀眼的红。传承红色基因，永葆爱国丹心，发扬无私奉献精神，这一抹红将永远驻留在女高师生们的心间。

张桂梅的红色基因由来已久。小时候，在她家暂住的知青为她打开了爱国情怀的大门，让她认识了“江姐”这个英雄。在建设女高的过程中，江姐时刻激励着张桂梅，也时刻激励着女高的师生们。

有一次，学校组织播放关于江姐的电影。在观看的过程中，坐在后排的张桂梅听到有学生发出笑声，并窃窃私语道：

“我才不相信。”

这句话就像一根刺刺痛了张桂梅，她反思为什么会出现这样的情况。那个年代的英雄有担当、有责任感，为了祖国、为了人民献出宝贵的生命。没有那些先辈们，哪里会有我们现在的幸福生活？张桂梅想，不能让现在的孩子们忘掉这种宝贵的信念和精神。

于是，她板着脸说道：“不相信就再看一遍吧。”

就这样，这部影片播放第二遍的时候，再也没有人窃窃私语，学生们都安安静静地看着电影。不一会儿，甚至还能听到有人小声地啜泣。

那一刻，张桂梅知道江姐在孩子们的心里已经扎下了根。

从那以后，女高增加了一个新节目——表演歌剧《江姐》。学生们以被选上表演歌剧《江姐》为荣。她们穿上蓝色旗袍、红色毛衣，戴上白色围巾，声情并茂地演绎着江姐。她们以这种特殊的方式，向心目中的英雄致敬。

张桂梅也有和心中的偶像亲密接触的机会。2018 年，江姐的扮演者孙少兰来到华坪女高，和学生一起表演歌剧《江姐》。等演出结束时，张桂梅悄悄地从背后靠近“江姐”，将头轻轻地靠在了“江姐”的肩上。

此时，这个崇拜江姐的张桂梅和心目中的偶像进行了跨越时空的对话，用无声代替心中的千言万语，用无言诉说着自己一路走来的风风雨雨。

除了“江姐”这个红色符号，华坪女高随处可见各种红色标识。大到墙上张贴的红色标语，小到每个党员胸前佩戴的党徽，高到每天响彻校园的红歌，低到教师在办公室轻哼的红色小调,这些都构成了华坪女高校园红色文化的一部分。

华坪女高首届毕业生黄付燕回忆那段时光，激动地说：

“那时候日子是苦的，精神是满的。”

在女高唱红歌已经成为和呼吸一样自然的事情。每天上午 10 点是女高的红色课间操时间，学生们会先集体背诵《七绝 • 为女民兵题照》，接着唱《娘子军连歌》。吃饭时听着《大别山》，中途休息齐声合唱《红梅赞》……

所有的红歌里，有一首歌是全校师生的必唱曲目——《没有共产党就没有新中国》。这首歌曲的背后有一个感人的故事。

2013 年，张桂梅一行人去村里家访。爬了一上午的山路，一路奔波，她们终于到了学生家里。

女孩的妈妈热情地招呼张桂梅。这时候，从里屋走出来女孩的奶奶。她不懂汉语，通过与孩子妈妈沟通才知道这些人是孩子的老师。在得知自己孙女在女高读书而且免学费的时候，老人上前紧紧地握住张桂梅的手，嘴里念念有词。

因为她说的是傈僳族语言，大家都听不懂。女孩的妈妈给大家翻译，原来，老奶奶说的是感谢的话。张桂梅一行人要离开的时候，孩子的奶奶突然站在了她们前面，边说边比画着什么。

“她是想给你们唱首歌。”孩子的妈妈解释道。

老人用生涩的汉语演唱着《没有共产党就没有新中国》，这让在场的人无不感动。张桂梅明白，这首最美的歌是一种信仰。从那以后，张桂梅就规定：《没有共产党就没有新中国》为学校全体师生的必唱红歌曲目。

红梅品格，红色精神，薪火相传，历久弥新。

24 红领巾飘起来

华坪县荣将镇腊石村位于金沙江边，地处偏僻，离县城 60 公里。这里发展滞后，是云南省贫困村之一。

华坪女子高中与腊石村结对帮扶。2016 年 4 月，张桂梅一行人坐车两个多小时来到腊石村摸底调查。

第一次前往贫困户李碧清家走访时，只见其家门四敞大开，几只鸡在院子里溜达。杂乱无章的家里没有像样的物件，锅里还有些吃剩下的红薯、玉米。炉膛的火还是热的，显示主人刚刚离开。

张桂梅在等待李碧清回家的这段时间，带着

大家一起将他的房子收拾了一下。张桂梅还在房前屋后看了一遍，充分了解这个家庭的实际情况。做完了这些，还不见李碧清回家。

“家门开着，人却迟迟不见踪影，事出反常呐。”

想到这，张桂梅不由得抬眼望向附近的山坡，她很快就发现了一个正在偷偷摸摸张望的人影。此时的她心里顿时明白：李碧清在躲着自己，躲着扶贫工作队。

过了一段时间，张桂梅又来到李碧清的家里。这次女高出资帮助他在房屋旁修了一个水池，并教他种菜。即使这样，张桂梅还是放心不下。

2018 年的一个周末，张桂梅一行人再次来到李碧清家，发现他的生活有了起色，但是变化幅度并没有预想的那么大。这次李碧清虽然没有躲避他们的到来，但也没有什么精神，更谈不上积极。

走访村里其他贫困户时，张桂梅发现情况基本类似。

扶贫工作队出钱、出力、出技术，帮助村民们摆脱贫困，但大多数贫困户却比较消极。面对这种情况，张桂梅陷入了沉思：为什么大多数贫困户明明家里有青壮劳动力，却连家务活都不干，甘愿住在脏乱的环境里？为什么这些男人酗酒成性，宁肯等着政府救济也不愿意改变现状？物质贫困可以暂时通过物资帮扶解决，但扶贫要扶志，培育贫困户自力更生、奋发图强和积极向上的干劲，才能彻底改变目前贫困户“等、靠、要”的现状。那么，怎样才能激发他们脱贫的斗志？

硬件的扶持也许是一种办法，但不是根治的最终办法。张桂梅想要让这里的每个家庭都摆脱贫困带来的自卑和旧思维。她需要扶正村民摆脱贫困的那颗进取之心，需要让他们自发地燃起对新生活的热爱。这样他们的精神富足了，身体也就更加勤快了。

李碧清的小儿子龙龙和他的小伙伴们在院子里玩耍，他们脖子上的红领巾让张桂梅的心震颤了一下。她想，也许这就是希望。

“你们会不会唱少先队队歌？就是那首《我们是共产主义接班人》？”

龙龙听到张桂梅的问题，拉着同伴害羞地跑开了。张桂梅看到这个场景，就主动让龙龙喊来其他的小伙伴来到院子里，亲自教他们唱这首歌。

我们是共产主义接班人，

继承革命先辈的光荣传统，

爱祖国，爱人民，

鲜艳的红领巾飘扬在前胸。

嘹亮的歌声让这片被贫穷笼罩的土地有了生机，院子里的大人们脸上露出了微笑，有了对生活的憧憬。

为了让这份憧憬更持久地影响这里的人们，张桂梅建议开展“小手拉大手红领巾助党建”活动。村干部也很支持，只是对于连温饱都在及格线上的腊石村，开展此次活动的经费却是一大问题。张桂梅听到后立即捐助 1000 条红领巾。她说：

“让村里的孩子天天都有红领巾戴。”

张桂梅要让孩子们每天都戴红领巾，学习红领巾背后的信念，这样他们就不会因为贫困而固封自守，要让他们时刻保持对生活的信心与希望。

扶贫先扶志，精神上脱贫的李碧清等人，燃起了对新生活的热爱。接下来，当地职业培训学校到腊石村开展芒果特色种植技术培训。全村 135 户，直接报名听课的有 98 人，实际听课人数有100多人。职业学校老师开展大量的实操教学互动，采取手把手教学、一对一服务方式，让农户切实掌握芒果栽培技术和管理技术，补齐种植技术短板，实现了芒果种植产业提质增效。

在张桂梅带领扶贫工作队配合相关党委政府专管部门完善扶贫到户、改造农村危房、完成易地搬迁、修路建水窖、提供种植技术等一系列组合拳下，腊石村经济得到改善，实现脱贫。目前，村里的芒果种植产业、牛羊养殖产业发展势头良好，村民干劲十足，加快了致富脚步。

红领巾飘扬在孩子们的胸前，春风化雨般滋润着孩子们的心田，更给村民带来富裕幸福美好生活的憧憬。“投之以桃，报之以李”，付出总有回报。秋天到了，那些帮扶者和村民的欢声笑语绽放在五彩斑斓的大地上。

25 一朵云推动另一朵云

张桂梅带领的华坪女高师生，也在尽自己所能回馈着社会。

在华坪女高和腊石村结对帮扶期间，村民柴胜华不幸患上脑癌，昂贵的手术费让这个本就贫困的家庭雪上加霜。这件事被女高驻村工作人员史加云知道了，便告诉了张桂梅。在一番短暂的思考后，张桂梅立刻组织全校师生进行募捐，最终将 5190 元捐款交到了柴胜华手里。

这件事情让全校师生明白了一个道理：女高曾经得到过社会各方面的帮助与关怀，所以回馈社会也就成了女高人义不容辞的责任。

在感恩和反哺社会这件事情上，张桂梅和所有的女高师生从来都没有懈怠过、含糊过。

周云丽是最早一批毕业于华坪女高的学生，她现在还记得自己当年来女高的情形。那是 2008 年，周云丽和姐姐参加完中考，分数出来后，她们却不知道是该欢喜还是该忧愁。欢喜的是，她们姐妹的成绩都很不错；忧愁的是，家里的条件供她们其中一个人读高中都很难，更别说是两个。

周云丽出生在一个贫困的农村家庭，母亲在她几个月大的时候就去世了，父亲患有小儿麻痹症，家里的经济来源很不稳定。面对一贫如洗的家庭状况以及姐妹俩优异的成绩单，父亲沉默了良久，怎么也找不到解决的办法。他指望孩子们通过知识改变命运的梦想，难道就要夭折了么？

“不能再让两个孩子吃没文化的亏！”

这时候，他们听到了华坪女子高中免费招生的消息。父亲迫不及待地带着两个孩子来到华坪女高，远远地就看见一个身材瘦小的老师已经等在门口。等他们走近，这位老师自然地拉起姐妹俩的双手，亲切地说：

“你们以后就叫我‘张老师’，这里就是你们的家了。”

周云丽入学后对张桂梅说：

“小时候我的理想是赚大钱，现在我的理想是做一个对社会有用的人。”

这句话让张桂梅心里很不是滋味，她没法想象孩子们过去都经历了什么。

2011 年，周云丽报考了云南师范大学并被成功录取。2015 年 7 月，周云丽以面试第一名的好成绩考上了宁蒗县的教师岗位，这是很多人梦寐以求的“铁饭碗”工作。她原本要把这个喜讯告诉张妈妈，却偶然间得知女子高中急缺数学老师的消息。周云丽沉思了片刻：

“要不我去女高吧，可是老妈选老师非常谨慎，需要有很好的教学能力，我能达到要求吗？”

最终，周云丽怀着忐忑的心情给张桂梅打了电话，得到的回复是：“你先来试试。”

最后，周云丽没有辜负张桂梅的信任，在一年后通过考核，成为母校的一名教师。

周云丽的学生说：“周老师和校长妈妈一样凶。”

学生们不知道的是，周云丽秉承张桂梅的这种“严母”

的教学方式，只希望能够让更多的凤凰飞出大山，涅槃重生，在更加广阔的天地里发光发热。

像周云丽这样反哺女高、反哺社会的女孩，在华坪女高比比皆是，陈法羽也是其中一位。

2009 年，陈法羽 16 岁，她的中考成绩没有达到普通高中的录取分数线，她将面临无学可上的困境。当她从亲戚那里得知女高的存在时，就像是抓住了人生中的救命稻草，华坪女子高中也慷慨地接纳了她。

在华坪女高学习了三年，陈法羽顺利考入了云南警官学院。2016 年大学毕业后，她通过考试，成了丽江的一名基层民警。

为了回馈母校对自己的培养，陈法羽每月从工资中拿出 500 块钱，去资助一位在女高读书的学妹。她深知，想要通过读书改变命运的人还很多，而华坪女高就给这些人提供了最好的舞台。她要接力张桂梅老师的这份大爱，用自己的行动来帮助他们。

女高的毕业生有一个自发的传统，她们会把第一个月的工资，拿出来一些甚至全部捐给女高。

在女高，学校里有一面墙，全是社会各界人士捐款的记录，上面写着某某捐了多少、某某捐了什么。这面墙时刻提醒着女高师生学会感恩，学会用自己的知识去回报社会。

德国哲学家雅斯贝尔斯曾经说过一段话："教育的本质意味着一棵树摇动另一棵树，一朵云推动另一朵云，一个灵魂唤醒另一个灵魂。"而张桂梅凭借着自己的信念和行动，唤醒了沉睡的大山，启蒙了那些稚嫩的灵魂，更是点燃了他们对于新生活的向往。

26 党员要冲在第一线

党员的先进性，不仅体现在日常生活中对大众的服务上，更体现在危难之时的救民于水火。

2015 年 9 月，百年一遇的洪水肆虐在华坪的大地上，暴雨将山体冲垮，山洪肆无忌惮地涌入紧临县城的鲤鱼河。河里的水位持续增高，冲毁了桥梁和民房，人民的财产和生命受到重大威胁。洪灾让华坪顿时笼罩在一片阴霾里，受灾地区的人们期盼着得到外部的救援。

得到洪灾威胁的消息，仅仅在 24 小时内，张桂梅所带领的华坪女子高中党支部就做出了快速反应。因为女高地处高坡，洪水没有波及这里，这就为张桂梅创造了可以提供外援的机会。

凌晨5点，张桂梅召集全体教职工开会，安排部署此次抗洪救灾活动。6点，张桂梅带领着19名党员奔向华坪县城抗洪救灾第一线。

张桂梅抽调所有的党员去县里抗洪救灾，非党员则接替党员的教学任务到相应班级授课。各班班主任以班为单位，在管理好本班的情况下，随时流动补充到其他班级，保证教学和救灾两不误。

9月的天气还比较炎热，因为时间紧迫，从女高出发的老师们都来不及换衣服，大部分穿着短袖和凉鞋。

在行进的途中，张桂梅得知学校里有一个学生突然生病，她不得不返回学校去处理。虽然她半途离开了这支队伍，但是时刻通过电话关注着此次抗洪救灾的行动，并及时给予指导。

根据上级的安排部署，华坪女高教职工组成的抗洪救灾小组被分配到了鲤鱼河畔的中心镇良安小区。这次的大山洪让这个小区陷入一片泥沼之中。在二层楼高的地方，可以清楚地看到洪水漫过留下的痕迹。

洪水过后，小区里满是树枝和垃圾，淤泥齐膝。小区居民已加入救灾的队伍中，想竭力挽回家庭财产损失，但厚厚的淤泥让人们寸步难行。所以摆在抗洪救灾队员面前的当务之急，就是清除淤泥。

有了明确的指导思想，华坪女高的党员队伍当即投入清淤救灾的行动中。他们时刻谨记党旗下的誓言，时刻谨记张桂梅在一月一次组织会议上的讲话："时刻想着群众，急群众之所急，想群众之所需。"

华坪女高的党员们脱下鞋子，挽起裤腿，扛着铁锹，一脚踩进泥坑里。面对淤泥里未知的玻璃、树枝和虫蛇……看到居民们着急的神情，他们挥起重重的铁锹，一刻不停地清理着淤泥。他们顾不上吃饭，渴了就喝点志愿者送来的水，饿了就吃点面包，然后又匆匆投入这场与洪灾的战斗。

就这样，从早上 6 点到下午 6 点，在所有党员的共同努力下，终于清除了大部分淤泥。

抗洪救灾取得了阶段性胜利之后，华坪女高的党员们就匆忙往学校赶，他们还需要准备第二天的课程。有的老师路过自己的家门，也来不及回去和家人打声招呼，他们开玩笑说感觉自己有点像大禹治水的大禹，过家门而不入。他们时刻牢记，自己是一名服务于群众的党员，是服务于千千万万个小家的战士。

但行好事莫问前程，是张桂梅无悔的信念；吃的是草，挤出来的是奶，是张桂梅几十年如一日的坚守。张桂梅和她的华坪女子高中，以“春蚕到死丝方尽”的无私奉献精神，赢得了世人的广泛赞誉，同时也迎来了他们用生命守护的那面五星红旗。

27 特殊的礼物

2021 年 9 月，华坪女子高中收到一份特殊的礼物——一面鲜艳的天安门国旗。

天安门管理委员为什么会送给华坪女子高中这面国旗?

原来，这面国旗曾于 2008 年 9 月 1 日飘扬在天安门广场的上空，而这一天正是华坪女子高中成立并开学的日子。

五星红旗的分量众所周知，它不是一件普通的礼物，而是一种难得的殊荣，更体现了全国人民对国家坚定的信仰。

在天安门上升起的国旗，每一面都是崭新的，代表着开启新的一天。而每天升旗的时间也会随着季节的变化而不同。天安门国旗早升晚降。每到傍晚，当每面国旗完成它一天的使命，护旗队擎旗手就会把国旗从天安门广场扛回来。

为了保证国旗的圣洁和完整，换下来的国旗不能沾地，也不能污损，要小心地叠好放进旗盒，然后贴上标签，由擎旗手亲手书写编号和日期，最后将整理好的旗盒放进旗库保存。

这些国旗都有它们特殊的使命：有的被放进博物馆中珍藏，有的会随着火箭一起开启太空的征程，有的被赠予学校、企业等，有的被覆盖在伟人、烈士的遗体、棺椁上。

华坪女子高中凭借着它与生俱来的红色基因，赢得了这面国旗。

一名学生接过旗盒，三名战士和另一名学生一起展开国旗，张桂梅捧着证书。在这面国旗下，张桂梅和她的华坪女高迎来了神圣而庄严的《开学第一课》。在这面国旗下，张桂梅和她的华坪女高再次踏上新的征程；在这面国旗下，张桂梅展现了作为中国共产党党员的初心和使命。

面对那鲜红的国旗，张桂梅带领全体师生庄严宣誓：

“我们会用生命来保卫我们的国旗，我们会用生命来保卫我们的祖国！”

全校师生铿锵有力的声音直冲云霄。

宣誓完毕后，《开学第一课》正式开讲，张桂梅分享的主题是“我的理想”。原来张桂梅最初的理想竟然是做一名物理学家，在沙漠上建造研究室。然而，在命运的安排下，张桂梅成为一名教师。

张桂梅至今还记得自己作为老师上的第一堂课。当初，领导跟她说，有一个学校已经好几个月没有老师上课了。张桂梅说：“那我去试试。”

张桂梅讲的课文是《谁是最可爱的人》。课堂上她第一句话是这样说的：“同志们，请大家把课本打开。”

当时全班同学笑成了一锅粥。

一个非常可爱的小男孩说：“老师同志，你的黑板字像高射炮！”

另一个小女孩说：“老师，我们不是你的‘同志’，是你的学生，你应该喊‘同学们好！’。”

张桂梅顿时羞得无地自容，想逃离这个讲堂。课后怎么走出这个教室的，张桂梅自己都不知道。同学们跟着张桂梅，还跑到了她的前面：

“老师，你行，你真行！我们要老师上课，我们想请老师给我们上课，我们要老师！”

看着眼前这帮可爱的孩子，张桂梅下定决心，一定要成为一名好老师。从此，她站上了讲台，一站就是 40 多年。

张桂梅想通过亲身经历来向学生展示坚持的重要性：通往理想的道路上，会有很多的艰难险阻。但是困难像弹簧，你强它就弱，你弱它就强。做个强者，把困难当作垫脚石，路会越走越平坦。

在她的启发下，学生们纷纷拿起话筒，畅所欲言：

“我的理想是做一名优秀的老师，报答我的父母、我的老师，报答祖国，做国家的栋梁。”

“我想成为校长那样的人，帮助更多的人。”

“我的梦想是做一名法医……”

鲜红的五星红旗下，那铿锵有力的誓言，久久回荡在大山里。那一个个梦想，在阳光下闪闪发亮。

28 你好，张桂梅

2021 年 6 月 29 日上午，“七一勋章”颁奖仪式在人民大会堂隆重举行。有 29 名来自各行各业的突出贡献者获奖，张桂梅就是其中一位。张桂梅被志愿者搀扶着，蹒跚地走向讲台。

她在获奖感言中，提到了两个初心。

第一个初心，是自己创办华坪女子高级中学的初心。年少时，张桂梅从东北到云南支边，偶然的机会使她成为一名教师，并在这个岗位上一直兢兢业业坚守到现在。她在当教师的过程中，目睹了山区因贫穷而产生的种种问题，更彻底地认清了只有提升女性受教育的程度，才能阻断三代人的贫困，因此萌生了创办免费女子高中的梦想。

第二个初心，是对党的初心。她与党的渊源可以追溯得很远。对江姐的崇拜，让她时刻准备着为国家和人民奉献自己火热的青春年华。她日后勤勤恳恳地在教育事业上耕耘，只为更大程度地践行党员“以人民为本”的初心。

张桂梅的发言简短而又字字珠玑。这寥寥数语的背后，却是常人无法想象的艰辛。

为此，《人民日报》联合新世相和新浪微博共同拍摄了张桂梅的纪录片——《你好，张桂梅》，让大众更深入了解张桂梅这个呕心沥血建立起华坪女高的教师妈妈。

凌晨5点，张桂梅照例从女高的宿舍起床，乘“专车”到教学楼，一一打开走廊里的灯。她微笑着拿起喇叭，喊起来：

“姑娘们，起床了。快点，要迟到了。”

镜头一转，到了上早操的时候，她又出现在路边，手持喇叭，不停地催促着学生们：

“再快点，再快点，还有1分钟。”

这就是她在女高建校以来每天都要做的日常工作。因为学生们都是大山里的孩子，所以招收门槛低。为了让她们都有平等地受教育的机会，为了让她们都飞出这座贫困的大山，张桂梅严格管理。在女高，每一分钟都是珍贵的，节省下的时间可以被用来看更多的书、做更多的题。

所以就出现了纪录片开始的那一幕。

一个瘦小的身影不时地出现在操场、教学楼、食堂，拿着喇叭不停地催促学生。她每天像是不知疲倦的蜜蜂一样，督促着学生们学习；每天又像妈妈一样，无时无刻不陪在学生们身边，伴着她们成长，度过一个又一个春夏秋冬。

张桂梅身患20多种疾病，每天都在吃大把药物，她说：“我之前怕死，但是我现在就觉得，能有一天就陪这些学生们一天、陪老师们一天。”

为了让学生们能够摆脱贫困，改变命运，她历尽万难。

回忆当初刚建立华坪女子高中的时候，老师走得只剩下8位。她带着党员们宣读入党誓言，还没有读完，他们都哭了。那一刻，张桂梅明白，华坪女高这块阵地守住了。

可是现在的教学情况又有了新的变化。随着新入学人数的增加，随着新的教学目标的设定，学校需要更多、更优秀的老师们加入。张桂梅希望通过全体师生的共同努力，让这些孩子可以飞得更高、走得更远。

张桂梅少年丧母，中年丧夫，命运总是在考验这枝梅花。她倾其所有，将工资卡交给单位财务；她呕心沥血，面对肿瘤，因为担心影响学生们的考试，直到考试结束才去手术；她砥砺前行，在遇到种种挫折时，时刻保持党员的初心，用行动和一腔热血去守护大山里的女孩们。

她的同事评价道：她什么都没有，她什么都有。她没有存款、没有子女、没有家庭，甚至为了女高牺牲了亲情。然而，她也什么都有，她的精神富足，她的一腔热血向着鲜艳的五星红旗，她的目光所及，都是最美的中国红。

如果可以，张桂梅还是想要站在那神圣的三尺讲台上，就像她说的那样：

“只要我还有一口气，我就要站在讲台上。”

她看着自己用爱浇灌的幼苗茁壮成长；看着孩子们飞出大山追逐梦想；看着教育的种子在大山里生根发芽，长成参天大树，成为国家的栋梁。

因为身体的原因，前几年张桂梅不再教课，主要管理后勤工作。就这样，她把将近 2000 名大山里的女孩送进大学，从此改变了她们及其家庭的命运。

张桂梅用生命在告诉世人，教书不仅仅是一个职业，更是一份事业，一份给人希望的事业。她用自己的行动去感染他人，用自己的生命去点亮大山女孩的梦想。

她是傲立于寒霜的梅花，是给大山女孩第二次生命的张妈妈，更是千千万万个贫困家庭的守护者。

你好，张桂梅。你好，张妈妈。

29 是的，她值得

2021 年 10 月 21 日，有网友发现张桂梅老师被写进了当年 8 月出版的《中华人民共和国简史》。这在互联网上掀起波澜，成千上万的网友都在刷屏式回复：她值得。

是的，她值得：作为一名人民教师、高级中学校长，张桂梅全身心投入边疆民族地区教育事业。

她爱岗敬业、教书育人，在查出患有子宫肌瘤后仍坚持耕耘在三尺讲台；

她初心如磐、攻坚克难，为阻断贫困的代际传递，以坚韧执着、苦干实干精神克服资金难以筹集、贫困山区群众不理解不支持等一系列困难，在 2008 年成功创办了全国第一所全免费女子高中；

她立德树人、知重负重，13 年坚持家访，行程 11 万多公里，用知识改变命运，用教育阻断贫困代际传递，展现了高尚师德和责任担当，是新时代“四有”好老师的优秀榜样。

自 2008 年建校以来，张桂梅帮助近 2000 名贫困山区女孩考上大学、走出大山，连续 12 年高考综合上线率保持 100%，创造了大山里的教育奇迹。

2020 年，张桂梅被授予“全国优秀教师”“全国教书育人楷模”荣誉称号。她说：

“我想把她们送出大山，飞得高高的，飞得远远的，回过头来，去回报社会，为社会服务，为我们整个国家服务，这就是我的梦想。”

是的，她值得：作为一位伟大的母亲，张桂梅虽遍尝生活的疾苦，但给了孤儿们世间的甘甜。

从 2001 年起，张桂梅一边任教，一边兼任华坪县儿童福利院院长。她以单薄病弱的身躯藏起前半生的悲伤，白天上课，晚上回到福利院照顾孩子们。张桂梅二十年如一日献身儿童福利事业，坚持做孩子们的依靠，给孤儿一个温暖的家，被孩子们亲切地叫作“张妈妈”。

她无房、无车、无存款，吃穿用非常简朴，对自己十分“抠门”，却把工资、奖金和社会各界捐款累计100多万元全部用在了孩子们身上。张桂梅把自己的一切都献给了党、献给了贫困山区的孩子们，用爱培育爱、激发爱、传播爱。

2021年，张桂梅被评为“感动中国2020年度人物”，同年11月，被授予第八届“全国道德模范”荣誉称号。她说：“要系好孩子们人生第一粒纽扣。”

是的，她值得：作为一名共产党员，张桂梅牢记党的宗旨，担任丽江华坪女子高级中学党支部书记。

张桂梅41岁入党，自觉践行共产党人价值观，矢志不渝，对党忠诚。面对女高初创时条件艰苦、缺少师资力量的不利局面，张桂梅发挥党员先锋模范作用和党支部战斗堡垒作用，坚持开展党员一律佩戴党员徽章上课、每周重温一次入党誓词、每周合唱一支革命歌曲、每周观看一部红色影片、每周组织一次理论学习的“五个一”活动。

她还以“党建统领教学、革命传统立校、红色文化育人”

的红色文化引领教育、传承红色基因，将革命先烈的爱国精神、无私奉献精神、艰苦奋斗精神融入教育工作，从而培养学生不畏艰辛、吃苦耐劳的品格，引导学生铭记党恩、回报社会。

多年来，张桂梅数次病危入院抢救，体重从 130 多斤掉到 90 斤。在一份诊断书上，医生密密麻麻给她列出了骨瘤、肺气肿、小脑萎缩等多种疾病。但是为了培养合格的社会主义事业建设者和接班人，她坚韧纯粹、鞠躬尽瘁，随时准备为党和人民牺牲一切。

2020 年 12 月，张桂梅被授予“全国优秀共产党员”荣誉称号。2021 年 6 月，中共中央授予张桂梅“七一勋章”。她说：

“只要还有一口气，我就要站在讲台上，倾尽全力，奉献所有，九死亦无悔！”

是的，她值得：作为一名共产党员，张桂梅心系群众，勇做脱贫攻坚的排头兵。

她始终保持鲜明的人民立场，坚决贯彻党中央决策部署，在脱贫攻坚一线，坚守滇西地区 40 多年，把全部身心投入深度贫困山区的教育扶贫主战场。在这片贫瘠的土地上，张桂梅意识到人穷主要是穷在观念落后、文化落后，她急群众之所急，帮群众之所需，孜孜不倦地在云岭山乡播种教育脱贫的种子，播撒创造美好新生活的希望。

在结对帮扶腊石村百姓脱贫过程中，张桂梅真心实意解民忧、纾民怨、暖民心，深入贫困户家中进行宣讲，用 1000 条红领巾燃起贫困户对新生活的热爱。同时，张桂梅出钱出力找资源，为乡亲们提供种植和养殖的技术指导，治标治本，精准扶贫不遗余力。

2021 年 2 月 25 日，在全国脱贫攻坚总结表彰大会上，张桂梅被党中央、国务院授予“全国脱贫攻坚楷模”荣誉称号。她说：

“华坪给了我第二次生命，我想为华坪做些事。”

是的，她值得：作为一个大写的中国人，张桂梅是新时代巾帼建功的杰出代表。

张桂梅担当如铁、固守清贫、实事求是，倡导女性自尊、自信、自立、自强。

她与疾病斗，“我就看老天能把我领走不”“不能把宝贵的时间浪费在无休止地看病上”。与贫困斗，探索教育扶贫，把绝望变成希望，把不可能变成可能。“如果没有接受教育，她们像其他人一样，可能放弃自己的孩子。接受教育后，她们不会有重男轻女的想法，不会让更多女娃被遗弃。”“我们就没提‘贫困’两个字，我觉得贫困对女孩子来说，也是一种隐私。”

她提出“刚强、勤敏、宽厚、慈惠、知礼、质朴”的校训，在学生心灵埋下真善美的种子。通过教育改变大山女孩的命运，进而改变三代人的命运，改变一方水土贫穷落后的命运。张桂梅让整个社会看到了个体在与命运抗争时，所爆发出来的巨大力量。2020年6月29日，丽江市设立张桂梅教育基金会，支持华坪女子高级中学的基础设施建设，为学校今后的健康可持续发展续航。

张桂梅有一段令人肃然起敬的独白：

“有人说我爱岗敬业，有人说我疯了，也有人说我为了荣誉。有人不理解，一个人浑身有病却不死，比正常人还苦得起，男老师被我拖垮，女老师累得哭，两个单位来回跑，我没倒下，有种精神支撑着我，说到底是共产党员的初心和使命，让我直面这片热土时，心里不愧。”

师者桂梅，信仰如炬，百折不挠，照耀远方。

当前，全球几亿成年文盲中 2/3 是女性，其中许多女性生活在贫困之中，教育上的性别差距依然明显。如果女孩没有受教育的机会，这将影响她们在就业市场中的定位与收入。联合国开发计划署驻华代表白雅婷（Beate Trankmann）曾表示，中国脱贫攻坚楷模、丽江华坪女子高级中学校长张桂梅的感人故事点明了教育对扶贫的重要性。教育具有很强的推动性别平等的作用，张桂梅从几十年前就坚持这么做，这是她具有远见的地方。

如今，患有多种疾病的张桂梅，身体大不如从前，走路蹒跚，就连从椅子上起来都需要人搀扶，可她每天都倔强地守着孩子们：有时是在校园里提着喇叭大声提醒孩子们按点起床别磨蹭，有时就坐在一把老旧的藤条椅子上静静地听着那清脆悦耳的朗朗书声……

张桂梅常说：

“我心里始终有一股劲：你豁出命改变她们的命，值！人生老病死都正常，豁出去一点，怕什么？”

时间之河川流不息，每一代人都有自己的际遇和舞台。

张桂梅青年时胸怀壮志，来云南为祖国出一份力，以大半生的炽热初心，璀璨师德。

师者桂梅，大爱无疆。张桂梅用生命践行使命，用信仰书写担当，用奉献成就光荣。

致敬，了不起的张桂梅！致敬，伟大的中国共产党党员！

附录　张桂梅写给广大青年的一封信

不惧怕，人生的“寒冬”里带着必然的希望

孩子们：

你们好，我是张桂梅。能在 2021 年末以这样的方式和你们交流，是一件特别温暖的事。

虽然我们没有见过面，但读着你们的留言，我仿佛看到了提问背后一张张或困惑，或迷茫，或正在认真思考自我和未来的年轻的脸。

这一年里，或许你们各有各的不容易：既要面对自己升学、工作、情感等方面的压力，又要

直面外部环境变化带来的内心焦虑与挣扎。

每个人都希望人生可以不断前进，但我们也不得不去面对人生中脚步慢下来甚至停下来的那些时刻。

你们当中的许多人都问了我一个问题：“我觉得我的人生可能就这样了，我很辛苦，我是不是应该认命了？”

我相信，人生在必经的“寒冬”里，也带着必然的希望。没有人愿意经历严寒，但它经常不请自来，不经选择；也很少人敢确信未来一帆风顺，但如果你经历过和见过，你就会相信，并且愿意把它强烈地送给别人，让身边的人都感受到。

我人生中的大部分时候，都过得不那么“舒服”，可以说是很“痛”的。在我很小的时候，就失去了母亲。在青年时期，父亲又离我而去。本以为到大理后，有一份稳定的教书工作，遇到一位爱我的丈夫，就能过上平淡安稳的生活了，能从一个天真少女变成一个幸福女人。

但突如其来的变故彻底打破了我的人生计划，我的丈夫被查出癌症，尽管全力筹钱治疗，但坚持了一年后，他还是离开了我。和他一同离去的，还有我人生中短暂拥有的快乐和美好。

那是我人生中最黑暗的一段时光。那时我的眼里，大理的山也不美了，水也不绿了……幸福感觉离你很远很远。后来，我要求调岗到了偏远的丽江华坪。说是“调岗”，其实就是想找一个没有人认识我，不会让我记起生命中任何美好的地方，把自己“流放”了。那时候你跟我说希望、说未来，我也不想听。

你们的人生也一定经历过这样的时刻：感觉全世界都在跟你作对，所有的厄运都降临到了你的头上。

走出痛苦的过程，有时候比痛苦本身还要难受。那时的我也只是一个普普通通的年轻人,在挫折面前也没那么坚强。我只是努力地让自己再多挣扎了一下，心里还是抱着一线希望。

在走出痛苦的过程中，身边的人向我伸出了手，让我感受到了人世间的温暖。也就是那一点挣扎、那一点温暖，让我一次次坚持了下来。

不论何时，我们都需要彼此的爱。如果你觉得痛苦、迷茫，去看看其他人，你就会发现自己的命运既有独特性，也有共同性。

共同性会让你不因为孤单而害怕，在必要时伸出给彼此的手；而独特性则可以帮助你真正走上你乐于走上的路。

我现在仍然过得很“苦”，积了一身病。经常这个问题缓解了一点，那个问题又严重了。越来越糟的时候，我心里也很难受。

但现在的“苦”，是一种我愿意付出的苦。因为我有一个清晰的目标，我要把孩子们带出大山，我要去实现它。有目标就有了干劲儿，就不觉得那么苦了。

孩子们，你们需要有一个人生大目标，去帮助你走过那些痛苦的、坚持不下去的时刻。但大目标就像一座高山，需要长久地攀登。你还需要找到一条上山的“路”，在每天的日常里完成一个个具体的小目标，一步步扎实地往上爬。爬着爬着，或许就走过了那一段黑暗的路，拨云见日。

给你们写下这封信，希望从我讲述的经历中让你们感受到一点点温暖、一点点力量。这是我今天正在完成的小目标。我今天还有好多个小目标要完成，比如等会儿我就要去看看孩子们测验的情况。督促她们上好每一节课，抓好每一分，也是我现在每天的小目标。

你也许和我一样，正在完成每天的小目标。也许，正在寻找你的那个“大目标”。但只要你开始思考、开始行动，你就已经走上了一条必然不易，但也充满希望的路途了。

放弃和认命是一条没有尽头的“下坡路”。请记住，在任何一个你没有察觉的时刻，包括现在，通过行动去改变命运的机会，一直都存在。

（来源：新华社）